AF327851
AF327851

L'ART

DU

PHOTOGRAPHE

COULOMMIERS. — IMPRIMERIE DE A. MOUSSIN.

L'ART

DU

PHOTOGRAPHE

COMPRENANT

LES PROCÉDÉS COMPLETS SUR PAPIER ET SUR GLACE
NÉGATIFS ET POSITIFS

PAR

H. DE LA BLANCHÈRE

PEINTRE ET PHOTOGRAPHE
MEMBRE DE L'ACADÉMIE NATIONALE, DE LA SOCIÉTÉ LIBRE DES BEAUX-ARTS
DE LA SOCIÉTÉ FRANÇAISE DE PHOTOGRAPHIE
DE LA SOCIÉTÉ DU PROGRÈS DE L'ART INDUSTRIEL, ETC.

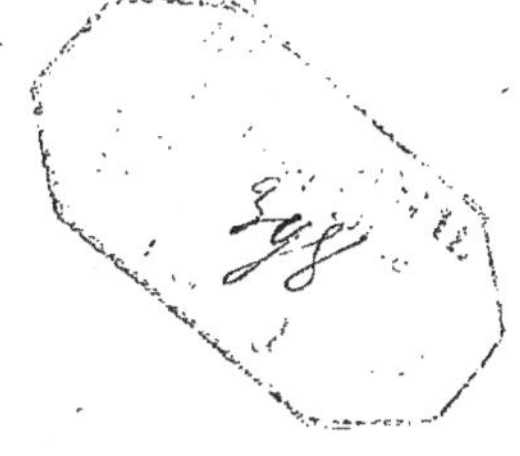

Ne forçons point notre talent,
Nous ne ferions rien avec grâce.
LA FONTAINE.

DEUXIÈME ÉDITION
REVUE ET AUGMENTÉE

PARIS
AMYOT, ÉDITEUR, 8, RUE DE LA PAIX

MAISON CENTRALE DE PHOTOGRAPHIE
N. B. DELAHAYE
Rue de la Douane, n° 4
A. BRIOIS, SUCCESSEUR

MDCCCLX

PRÉFACE

DE LA DEUXIÈME ÉDITION.

Le peu de temps qui s'est écoulé entre l'apparition de ce livre et cette seconde édition, six mois à peine, n'a pas permis à la science photographique de faire des progrès bien remarquables. Ce qui était bon, ce qui nous avait semblé le meilleur à cette époque est encore aujourd'hui ce qui nous sert chaque jour.

Cependant nous avons ajouté un assez grand nombre de matières nouvelles au chapitre des Mélanges (7e Partie), des tables dont l'usage est presque journalier soit pour les manipulations, soit pour la compréhension des ouvrages étrangers sur la photographie.

Nous avons joint au chapitre des Épreuves positives, aux sels d'argent (5e Partie), une méthode que nous avons décou-

1

vert, et qui produit de belles et bonnes épreuves sans manipulations difficiles.

Il nous eût été facile de parler de nos essais dans la série
des épreuves positives inaltérables, soit au charbon, soit autrement; mais nous devons avouer que les résultats obtenus
sont encore si informes et si incomplets, que nous ne croyons
pas que ces procédés puissent être de quelque utilité dans la
pratique. Ils ont encore besoin de nombreux perfectionnements : notre conviction est que le temps les amènera ; ce sera
le moment de faire entrer ces méthodes alors complètes dans
un corps de doctrines.

Nous n'avons pas cru devoir omettre les épreuves positives
nouvellement obtenues par M. Niepce de Saint-Victor ; il nous
semble que cette voie peut conduire à de nombreuses applications industrielles ; et d'ailleurs les résultats faciles à obtenir
ne laissent rien à désirer, tant qu'on n'aborde que la reproduction et les dessins. A l'avenir le dernier mot !

Enfin, *passim*, nous avons ajouté, retranché, remanié, et
fait de notre mieux pour que nos lecteurs soient sûrs de nous
comprendre et persuadés que nous avons fait tous nos efforts
pour cela : en somme, il faut que notre livre soit pour eux
un guide sûr et fidèle, et qu'après son étude on puisse dire
de chacun d'eux :

> D'abord il s'y prit mal, puis mieux, puis bien,
> Puis enfin, il n'y manqua rien.
>
> LAF.

AVANT-PROPOS

L'ouvrage que nous offrons ici au public n'est point un traité élémentaire de photographie. Assez d'auteurs éminents ont écrit d'excellents ouvrages dans ce sens, et ont rassemblé tout ce qui, dans la chimie, l'optique et la physique, pouvait être utile aux commençants et les guider dans leurs premiers pas.

Nous avons envisagé la photographie d'un autre point de vue, nous préoccupant plus de développer la partie artistique et intellectuelle que la méthode proprement manuelle. Le lecteur auquel nous nous adressons est déjà rompu aux manipulations ordinaires, il sait assez de chimie pour ne pas agir en aveugle, et il aime assez la photographie pour la considérer résolûment sous toutes ses faces. Qu'il soit cependant bien assuré, en commençant l'étude d'un chapitre quelconque de ces recherches, que nous ne quitterons jamais une méthode sans y développer tout ce qui peut être utile pour réussir, et sans y donner, sans arrière-pensée et sans réticence, les formules vraies et exactes dont nous nous servons chaque jour. Nous sommes sûr ici de n'être contredit par aucun de nos nombreux élèves, devenus pour la plupart nos amis, et qui, reconnaissant les formules du cours quotidien, savent ce qu'elles peuvent et doivent produire.

Le lecteur qui voudra bien parcourir les chapitres qui suivent, doit se pénétrer que tout ce qui doit être fait y est décrit, mais que si par inadvertance il en omet une partie même minime, il ne doit pas alors taxer l'auteur de fausseté ou de réticence, reproche que j'entends faire tous les jours en parlant de traités aussi recommandables par le fond que par la forme. Il est plus difficile qu'on ne pense de s'identifier par l'étude assez bien avec l'auteur qu'on suit, pour ne pas omettre la plus simple des dispositions qu'il indique. Nous avons nous-même étudié de la sorte la majeure partie des auteurs qui ont écrit avant nous sur la photographie, et nous avons tant de fois réussi, que quand le contraire nous est arrivé, nous sommes convaincu que nous l'avons dû à une omission ou à une inadvertance.

Nous demandons donc au lecteur pour notre travail la même étude consciencieuse que nous avons appliquée à celui de nos devanciers. Sans aucune prétention à l'invention absolue des méthodes opératoires que nous décrivons, nous ne pouvons cependant nous empêcher de constater qu'en passant par nos mains, elles ont revêtu un cachet particulier, une manière d'être spéciale qui fournit en définitive à l'œuvre de chaque artiste sa valeur particulière. Nul ne peut plaire à tous. C'est une vieille et vraie maxime; mais elle doit consoler quand on cherche le bien, quand on aspire au beau, et surtout elle doit soutenir dans les recherches ardues qui mènent au meilleur.

Nous abordons ainsi notre travail avec confiance, bien convaincu du désir d'être utile, et trop heureux si nous y réussissons.

La photographie devient par ses progrès continuels une science tellement vaste, qu'elle se divise déjà en spécialités, et forcément ces branches diverses s'écarteront de plus en plus du tronc primitif et principal. Le lecteur ne cherchera donc pas ici une encyclopédie de ces recherches diverses. Nous avons parlé des principales à nos yeux, de celles qui font l'objet de nos travaux de chaque instant. Nous croyons même pouvoir dire que les études les plus élevées que contient ce livre embrassent la photographie dans toutes ses applications et sous toutes ses formes, parce que beaucoup tiennent à l'art proprement dit, et comme telles s'appliquent à toutes les manifestations possibles du beau.

L'ART

DU

PHOTOGRAPHE

PREMIÈRE PARTIE

DE L'ACTION PHOTOGRAPHIQUE

EN GÉNÉRAL.

§ 1er.

Le travail de la lumière a une marche à lui. — De l'effet
photographique et de l'effet artistique.

Selon nous, la tendance actuelle de la photographie
est de chercher à produire autre chose que ce qu'elle
peut et doit donner. Engoués pour les admirables pro-
ductions de cet art encore si nouveau, les photographes
ne croient rien impossible et tombent souvent ou dans
des effets faux, ou dans l'exagération. Il faut bien le
reconnaître, le travail de la lumière a une marche à lui

et un mode de rendre les objets extérieurs qui lui est propre. Plus juste en beaucoup de points que l'observation des hommes, il choque dans d'autres les idées admises et les données conventionnelles sur lesquelles se basent la peinture et le dessin. Rien dans ceci qui doive nous surprendre. En effet, les corps se révèlent à notre vue sous deux aspects différents caractérisés par la forme et par la couleur. Quant à la forme, la photographie la rend mieux que l'œil, car elle la rend toujours exacte (en tant qu'elle reste dans les limites actuelles et étroites des instruments d'optique appropriés au sujet). Mais pour la couleur, il en est tout autrement, et nous étudierons tout à l'heure pourquoi.

§ 2.

Perspective aérienne et linéaire. — Photographie monumentale et photographie artistique.

Tandis que nous parlons de la forme, abstraction faite de la couleur, n'est-ce pas le moment d'étudier en quelques mots les effets de la perspective linéaire et aérienne? Avant tout, constatons que nous ne considérons ici que la photographie artistique, et nous entendons par là celle qui cherche à faire, seule, de ses résultats, un tableau, c'est-à-dire un ensemble complet, satisfaisant à l'œil, et remplissant certaines conditions d'unité et de perspective qui constituent l'œuvre et non pas la reproduction. Nous laissons donc de côté la photographie monumentale, dont le but, analogue au dessin d'épure, n'est pas l'effet, mais seulement la netteté et la fidélité extrême. Pour celle-là tout est dit, ou plutôt rien n'est à dire, puisqu'en ne forçant pas les objectifs pour ne pas déformer les lignes droites, on obtient dès aujourd'hui le *nec plus ultra* désirable. Mais pour sa sœur plus compliquée et bien plus difficile, la photographie artistique, nous avons beaucoup de points à étudier. Prenons garde cependant, nous touchons ici à l'art, quoi qu'en disent certains esprits, à l'art vrai, et nous allons peut-être nous heurter aux idées préconçues et hostiles, aux systèmes divergents qui se partagent la faveur actuelle. Qu'y faire? Suivre sagement notre idée et montrer que si nous avons la conviction, nous récusons la partialité.

§ 3.

Perspective linéaire rendue par l'instrument. — Difficultés introduites par les couleurs. — Panorama.

Revenons à l'étude de la forme que cette digression nécessaire nous a fait abandonner un instant.

La perspective linéaire, avons-nous dit, est parfaitement rendue par l'instrument photographique ; et si les couleurs diverses des objets ne venaient la modifier, nul doute qu'à elle seule elle rendrait juste l'effet du lointain et du raccourci ; mais les lignes bleues et vaporeuses des hórizons sont plus lumineuses que les massifs verts des arbres du premier plan, elles viennent donc à l'épreuve avec une valeur relative trop foncée; elles se rapprochent trop, et quoiqu'en perspective par leur valeur linéaire, elles n'y sont plus par leur valeur de teinte. Voilà donc un écueil, nous en verrons bien d'autres.

Dans un panorama de ville, on obtiendra souvent de beaux effets de lointain, parce que, prise en masse, la couleur des édifices est à peu près la même, et qu'ici l'éloignement atténuant la lumière, et la perspective linéaire ayant tout son effet, on sera aussi près que possible des conditions normales. Nous ne pourrions cependant étendre cette remarque aux pays où l'on peint les maisons en vert et en rose, ce qui forme une mosaïque multicolore analogue au pêle-mêle des objets de la campagne.

§ 4.

Influence du climat.

Nous aurons un résultat tout opposé à celui des édifices uniformes de couleurs, quand il s'agira d'un paysage, d'une ruine, d'une vallée, d'un glacier. On admire, à juste titre, la réussite des photographes anglais dans les perspectives aériennes de leurs paysages. Cela tient beaucoup, nous le croyons, au climat, à l'air un peu brumeux, qui, s'interposant entre les divers plans, produit l'effet d'écrans diaphanes, et voilant un peu les couleurs, leur donne une valeur grise et uniforme qui permet à la perspective linéaire de reprendre tout son empire. Il en serait peut-être autrement, et cela n'infirme en rien le mérite éminent de ces artistes, s'ils avaient sur leur tête un ciel resplendissant de soleil et les chauds horizons de l'Italie, de la Suisse, de l'Algérie ou de la Grèce. Nous avons examiné des vues des opérations militaires de Crimée et de Sébastopol, faites par plusieurs opérateurs différents et entre autres par des Anglais, aucune ne nous a montré un horizon à sa valeur et à sa place, tous étaient beaucoup trop près et trop foncés en couleur.

§ 5.

Deux manières d'envisager la nature. — Vues d'ensemble. — Vues de détails. — Manière de les faire. — Sacrifices.

Ici une objection va nous être présentée; puisque vous dites que les monuments, ayant à peu près la même valeur comme couleur, doivent venir en perspective admirable, grâce à la perspective linéaire seule, comment se fait-il que nous voyons des vues de ville qui choquent l'œil précisément par le manque absolu de perspective? Cela est vrai et ne tient point à un défaut inhérent à l'art photographique, mais à un choix mal compris du procédé employé, et nous allons compléter notre pensée. En face d'un monument, d'une place chargée d'édifices, de fontaines, nous pouvons désirer deux choses : une vue d'ensemble, ou des vues de détail. Pour les faire, consultons notre œil; il nous dira que pour les vues d'ensemble, les détails s'effacent et se groupent en masse générale d'autant plus grande que nous nous éloignons davantage et que nous embrassons un plus grand espace; notre œil nous dira que dans les vues de détail il faut nous rapprocher, et, diminuant le champ de vision, arriver à séparer chaque trait de la pierre, chaque pli des statues. Et maintenant qu'allons-nous faire si nous sommes sages, c'est-à-dire artistes? Suivre ces conseils, sacrifier les détails si nous voulons l'ensemble; sacrifier l'ensemble si nous voulons les détails. Que si, au lieu de cela, nous voulons réunir les deux, et, profitant du tour de force que la photographie met à notre disposition, faire voir à l'œil l'ensemble et les détails tout à la fois, nous arrivons à une chose monstrueuse, fausse, au milieu de laquelle l'œil dérouté s'égare, et qui, en le fatiguant beaucoup, ne lui laisse qu'une impression désagréable. C'est à cette énorme, infinie quantité de détails que donnent certains procédés de photographie, qu'il faut attribuer le manque absolu de perspective aérienne de quelques ensembles. Les monuments lointains, ceux du milieu, ceux rapprochés, se superposent comme sur un plan géométrique; l'air ne circule plus entre eux pour estomper les lignes, effacer les angles et reculer les lointains. Vainement cherche-t-on un vigoureux éclairage à 45°, pensant que les façades obscures repousseront les parties éclairées; les détails dominent toujours et papillotent à l'œil, l'effet est manqué. On n'a pas un tableau, on a une projection verticale géométrique. Si l'on nous disait qu'il manque de procédés photographiques qui puissent donner ce que nous demandons, nous répondrions que le mal est nécessaire ; mais, Dieu merci, il n'en est point ainsi, et le choix est facile à faire. Moins de finesse, plus d'effet ; moins de détails, plus de perspective aérienne; moins épure, plus tableau; moins de machine, plus d'art : voilà ce que nous cherchons.

Ainsi donc, selon nous, la photographie a deux voies bien distinctes à suivre : la reproduction idéalement fine des détails, et la création intelligente d'œuvres d'art, de tableaux. Malheureusement, la première est la plus facile et la plus attrayante : la seconde est celle que nous cherchons, et son amour est le mobile qui nous fait entreprendre ces études ; heureux si elles entraînent avec nous quelques sectateurs amis!

§ 6.

Portraits. — Lignes générales. — Ce qu'était le portrait avant la photographie, ce qu'il doit être encore. — De l'éclat. — Comment il s'obtient. — Sacrifices nécessaires.

Il n'est pas jusqu'aux portraits qui ne se ressentent du parti pris actuel des détails aux dépens de l'ensemble, et cependant il est bien rare que nous regardions les traits d'une personne aimée à une distance telle, que nous distinguions ce que nous montre de détails l'épreuve photographique. Ne vaudrait-il pas mieux un peu plus d'effet général ? Quand il est si facile de reconnaître quelqu'un à son port, à sa démarche, alors que nos yeux ne distinguent qu'à peine les traits de son visage, ne devrait-on pas tenir compte de cette faculté dans la création du portrait photographique ? Si cette faculté n'existait pas, le portrait ne serait né que de la photographie, et heureusement il date de la peinture, dont il fut sans doute l'origine. Qu'était-il alors, qu'est-il encore dans les mains des grands maîtres ? sinon un ensemble de lignes générales et jamais une étude microscopique. Comment le regarde-t-on ? à la distance où le regard embrasserait la personne et non la loupe à la main. Qu'arrive-t-il de la plupart des portraits photographiques ? C'est qu'avec ce parti pris, ils sont charmants de près et sans aucun effet appendus aux lambris où, en définitive, ils doivent élire domicile. Ce

qui a fait dire, à bon droit, que le portrait photographique était un portrait de chambre à coucher et ne
serait jamais un tableau de salon. Cela sera vrai tant
que l'on suivra la voie actuelle, et faux dès que l'on
rentrera dans celle que nous indiquons. O magnifiques
portraits de Raphaël, Van Dick, Caravage, quand nous
sera-t-il donné de savoir assez sacrifier pour arriver à
votre effet! Il faut bien se pénétrer de cette idée, que la
science des sacrifices est plus difficile avec la photographie qu'avec tout autre moyen de reproduction. Au milieu de la surabondance de finesse, de détails qui vous
inondent, vous ne savez quoi retrancher; vous êtes trop
riche et vous vous laissez aller à faire parade de cette richesse, oubliant que l'éclat est d'autant plus frappant
qu'il est ménagé et rassemblé sur un point capital. La
majorité des opérateurs s'extasie sur la netteté merveil-
leuse, et nous avec eux, d'un portrait irréprochable
(mais est-ce de l'art!); et ces mille plis, ces dentelles
si fines, ces bijoux si vrais, cette lumière scintillant partout, ce papillotage à l'œil du spectateur, est-ce bien là
le beau artistique tel que nous le cherchons? Non, mille
fois non. Sacrifiez, éteignez tous ces détails, toutes ces
lumières; faites resplendir vos têtes aux dépens des fonds
et des accessoires, estompez vos mille riens pour ne pas
distraire de l'ensemble, et vous aurez un tout vraiment
artistique, vraiment satisfaisant. Nous ne préconisons
pas ici le flou des épreuves, bien loin de là; mais nous

redisons qu'on pousse à la finesse extrême, et qu'on manque de relief et de vie. Si je voulais citer des noms propres, je rappellerais les admirables portraits, à l'exposition universelle de 1855, d'un photographe étranger qui, pénétré du même esprit que nous, sait garder assez de netteté pour avoir des lignes pures et fines, et cependant donner à ses épreuves cet aspect gras, nourri, abondant de modelé qu'offre la nature savamment éclairée. Souvenez-vous de ces têtes si splendides, de ces ornements, de ces accessoires si bien fondus dans la demi-teinte, et de ces vêtements de femme, amples, larges et drapés, comme il conviendrait à la scène tragique.

§ 7.

De la couleur des corps extérieurs. — Cinq couleurs fondamentales rendues photographiquement du noir au blanc.

Arrivons à la seconde manière dont les corps se manifestent à nous par leurs couleurs. Cette partie si importante de notre étude et si abondante en détails pourrait encore se subdiviser à la rigueur; car la couleur propre de chaque objet est profondément modifiée par le reflet des objets voisins et par le mode d'éclairage choisi. Les couleurs normales ou primitives de la nature peuvent se réduire à trois, tout le monde le sait, le bleu, le rouge et le jaune; comme couleurs fondamentales, nous y ajouterons le blanc, ou lumière pure solaire, et le noir absolu, ou absence complète de lumière. Total, cinq couleurs fondamentales. Combien la photographie a-t-elle de modes d'impression pour rendre l'échelle de ces couleurs et des principales modifications ou couleurs dérivées qu'elles peuvent former par leur mélange ou leur superposition? Nous allons étudier ce point au moyen d'une échelle colorée dont la construction très-simple est à la portée des moins habiles.

Remarquons en premier lieu que toutes les nuances rendues par la photographie ont pour maximum le noir et pour minimum le blanc ; ni l'un ni l'autre absolus, dans l'acception propre du mot, mais subordonnés au mode de fixage de l'épreuve finale ou positive. Il est donc important de nous rendre compte quelles couleurs fondamentales ou dérivées approchent le plus de ces points extrêmes, puisqu'ainsi, nous reportant à la nature, nous pourrons préjuger l'effet artistique produit par telle combinaison, et en tirer des enseignements et peut-être une méthode opératoire.

<h2 style="text-align:center">§ 8.</h2>

Du spectre solaire. — Son action sur les sels d'argent sensibles. — Rayons chimiques. — Chaleur. — Pouvoirs éclairants. — Étude sommaire de ces trois actions de la lumière. — Pouvoir électrique.

Nous n'avons point à nous étendre sur la manière dont le spectre solaire influence spécialement les composés argentiques à base d'Iode, de Brome et de Chlore.

Cependant nous ne pouvons passer outre, sans rappeler quelques faits fondamentaux se rapportant au sujet qui nous occupe. Les couleurs du prisme sont simples, c'est-à-dire indécomposables par les moyens dont la science dispose jusqu'à ce jour ; celles que nous allons employer pour construire notre échelle ne le sont pas, et toutes réfléchissent plus ou moins de lumière blanche, en même temps que celle qui leur donne son nom, et pendant qu'elles absorbent les autres. Mais, dans les opérations photographiques, il n'y a pas en jeu que la couleur particulière des objets, qui est déjà complexe, il y a la couleur de la lumière ambiante, des milieux, des objets réfléchis, etc. Il y a de plus ce fait, que les couleurs, qui ont le maximun de pouvoir éclairant ont le minimum d'effet photographique, et que ce qu'on appelle les variations d'intensité de la lumière, ne sont peut-être que des différences de couleur que nous manquons de moyens propres à mesurer.

Ce qui vient compliquer encore cette question si délicate, c'est que parmi la lumière blanche et sensible à nos organes, se trouve une lumière obscure, invisible à nos yeux, et très-puissante par ses effets sur les couches photographiques ; il y a ceci enfin, c'est qu'à la lumière est jointe la chaleur, sans cependant que les trois ordres de phénomènes, lumière active, chaleur, pouvoir éclairant, cessent d'avoir leur marche distincte et indépendante. En effet, tout le monde sait que les sept couleurs duspectre formé par un pinceau de lumière passant à travers un prisme, sont : en partant du haut, c'est-à-dire des moins réfrangibles, de celles qui passent le plus en ligne droite : le Rouge, l'Orangé, le Jaune, le Vert, le Bleu, l'Indigo et le Violet ; mais au delà, en descendant toujours, se trouve un spectre invisible, incolore, de l umière obcure mais chimique et puissante. Ce spectre, d'une longueur presque égale au spectre visible, produit une impression très-vive sur les substances sensibles, plus vive même que celles des couleurs visibles. Chacun de ces spectres a son maximum d'action, le visible dans l'Orangé et le Violet, l'invisible au premier tiers de sa hauteur.

L'intensité calorifique du spectre solaire semble se porter vers l'autre extrémité, celle du haut, comme si la lumière et la chaleur, ces deux manifestations simultanées à nos sens d'une même source, étaient les choses les plus dissemblables possible. L'action chimique a son lieu d'intensité le plus grand en dehors du Violet, l'action calorifique a le sien en dehors du Rouge. Ce pouvoir décroît rapidement et cesse presque dans l'Indigo et avant le Violet. La nature propre du prisme influe, d'après le physicien Seebeck, sur la position du maximum ; il est dans le Rouge avec un prisme de Crown (verre à vitre), hors du Rouge avec le flint (cristal), dans le Jaune avec l'eau, l'alcool, ou l'essence de térébenthine, etc.

Quant à l'intensité ou le pouvoir éclairant, il est contenu naturellement dans les couleurs qui sont visibles pour nos organes et nous éclairent. Il commence au Rouge, prend son maximun dans le Jaune, et se termine par l'Indigo et le Violet. Chose remarquable et que les admirables travaux de Fraünhoffer ont mis hors de doute, l'Orangé, le Jaune et le Violet ont une immense force éclairante auprès des autres couleurs, et pour nous, photographes, ce sont des teintes presque absolument obscures.

Quant au pouvoir électrique de la lumière, découverte due aux travaux de M. Becquerel, on néglige trop ce mode d'agir dans les opérations photographiques. Nous sommes convaincus qu'un jour son import ane sera reconnue: ce pouvoir a deux points maximum, l'un dans le Jaune antiphotographique, l'autre dans le Bleu qui nous est favorable.

Nous trouvons dans le Cosmos un très-intéressant compte-rendu de quelques expériences présentées à Aberdeen par un habile opérateur anglais et qui offrent un intérêt direct dans l'étude que nous faisons des phénomènes lumineux.

Outre la lumière solaire et les sources de lumière électrique et artificielle que les hommes ont créées, il existe dans la nature des corps doués de plusieurs propriétés éclairantes singulières, les uns sont fluorescents, les autres sont phosphorescents. Les premiers, baignés de lumière solaire, ont la propriété de l'emmagasiner en quelque sorte, d'en absorber une partie qu'ils rayonnent ensuite pendant un temps plus ou moins long; les autres émettent dans l'obscurité une lumière presque analogue aux lueurs du phosphore et qui prend sa source en eux-mêmes et ne dépend pas de l'insolation directe. Nous reviendrons à ces curieux phénomènes.

Parmi les substances fluorescentes au plus haut degré, on place le sulfate de quinine, la chlorophyle ou substance verte des feuilles.

Parmi les substances phosphorescentes, on doit remarquer le bois pourri, la chair de poisson, certains champignons, les feuilles sèches, certaines fleurs, etc.

M. Gladstone a tracé sur du papier blanc des caractères et des dessins avec une solution de sulfate de quinine; cette solution à peine teintée donne une trace absolument invisible à l'œil nu, mais qui le deviendrait si on éclairait cette feuille par une lumière fluorescente comme celle de l'électricité passant à travers un verre violet.

Après avoir collé un fragment écrit sur la feuille blanche pour mettre au point (1), on a fait épreuve sur collodion de cette feuille blanche, et avec un temps de

---

(1) Ce procédé de mise au point bien simple doit être employé pour reproduire un tableau ou un dessin à l'estompe, même une photographie qui n'offre pas de ligne d'une netteté absolue.

pose très-court, on a développé l'image et obtenu les traits et dessins invisibles tracés au sulfate de quinine.

La même expérience a réussi en se servant de la chlorophyle pour tracer les caractères.

Pour préparer la solution fluorescente de chlorophyle, M. Gladstone prend des feuilles de thé épuisées par l'eau chaude de tous principes solubles et colorants ; il les plonge dans l'alcool pendant quelques heures et se sert de cette solution à peine colorée pour tracer les caractères sur le papier.

Nous remarquerons cependant ici que la chlorophyle ainsi préparée n'est pas pure et que l'expérience n'est pas rigoureusement concluante pour cette substance. En effet, la chlorophyle dont la formule chimique est $C^{18} H^9 Az^{08}$ est bien insoluble dans l'eau, et très-soluble dans l'alcool et l'éther quand elle est fraîchement préparée ; mais il faut qu'elle soit séparée par l'action d'un acide puissant du parenchyme qui la contient dans les feuilles et des sels insolubles dans l'eau qui s'y présentent presque toujours.

Quoi qu'il en soit, l'expérience dont il s'agit est des plus intéressantes, il faut espérer qu'elle sera le point de départ de nouvelles recherches dans l'immense domaine de l'inconnu.

Une note récente lue à l'Académie des Sciences va changer encore la direction de ces expériences si, comme on l'a annoncé, la chlorophyle est composée de deux matières, une jaune et une bleue, dont la réunion forme la couleur plus ou moins verte des plantes. Il est possible que l'une d'elles ou toutes deux soient fluorescentes ; il faut attendre de nouvelles découvertes pour expérimenter. L'intérêt ne manquera pas.

Revenons au domaine des faits pratiques et à la construction de notre échelle de couleurs mixtes, mais telles que nous les fournit la nature et que nous sommes, en définitive, appelés à les rencontrer et à les reproduire.

§ 9.

Construction d'une échelle colorée. — Groupement en trois séries : bleue, jaune et rouge. — Impression de cette échelle sur l'œil. — Maximum d'éclat. — Quelle couleur le contient.

Faisons, sans les fondre ensemble, une suite de teintes plates sur une feuille blanche, et présentant les tons suivants : Blanc donné par le papier, Bleu ciel, Bleu, Indigo, Violet, Rouge, Orangé, Jaune, Vert et Noir. Faisons à côté une autre série de ces mêmes teintes et dans le même ordre, mais dégradées ou lavées à moitié de leur valeur. Si nous avions rangé ces couleurs seulement en vue de leur puissance photogénique, nous aurions dû reculer l'Indigo hors de la série des Bleus, dans la série des Jaunes, ce qui aurait complétement interverti l'ordre naturel de formation de ces couleurs, et mis obstacle à des rapprochements qui pourront offrir quelque intérêt. En étudiant l'échelle ainsi disposée, nous pouvons remarquer que chacune des trois couleurs primitives peut être considérée comme formation de cinq de celles dérivées, prises de suite, cette couleur ayant son maximum ou totalité d'action dans celle du milieu des cinq, et son minimum ou absence d'action dans les extrêmes. Nous pouvons exprimer ce fait par le tableau suivant :

Blanc. . . . . . ⎫
Bleu ciel. . . . ⎪
Bleu . . . . . . ⎬ Série bleue.
Indigo . . . . . ⎪ . . . . ⎫
Violet . . . . . ⎭ . . . . ⎪
Rouge . . . . . ⎫ . . . . ⎬ Série rouge.
Orangé. . . . . ⎪ . . . . ⎪
Jaune. . . . . . ⎬ Série jaune . . . . . . ⎭
Vert . . . . . . ⎪
Noir . . . . . . ⎭

Si nous nous reportons à l'action de ces couleurs sur l'œil, nous trouvons que, pour la plupart des personnes, la série rouge est la plus brillante et offre le maximum d'éclat, la série bleue ensuite, et la série jaune enfin. Nous avons cependant constaté quelques exceptions : on peut y voir sans doute des effets plus ou moins intenses de daltonisme, nous nous sommes rangés à l'avis de la majorité, sachant cependant que de nombreuses exceptions se présenteraient. Il n'en sera pas moins très-important, quelque valeur de prééminence qu'on accorde à ces séries, d'examiner comment elles se comportent à l'épreuve photographique.

Ainsi que nous l'avons dit plus haut, nous avons, à une exception près, l'Indigo, rangé les couleurs les plus ordinaires suivant une gradation de tons photogéniques; mais est-ce à dire que cette échelle soit juste suivant l'impression de notre œil? Il est évident qu'elle est fausse et que le maximum d'éclat est dans l'Orangé et le Jaune; que dans un ajustement, un ruban jaune ou orangé est plus éclatant, plus *voyant* (le mot est technique) qu'un ruban violet ou bleu; et cependant le premier est beaucoup plus près du noir que le second.

§ 10.

Épreuve de l'échelle au moyen des Bromure et Iodure de Potassium et des Bromure et Iodure de Cadmium.

Nous avons fait épreuve de l'échelle en nous servant des Iodure et Bromure de Potassium et des Iodure et Bromure de Cadmium, et maintenant, en étudiant ce résultat, souvenons nous que nous n'avons que deux couleurs (pour en rendre cinq fondamentales), le Blanc, le Noir et leur mélange variable, le Gris.

COULEURS.	COMPOSITION des teintes.	EFFET RENDU PAR LA COUCHE PHOTOGRAPHIQUE.			
		A BASE DE POTASSIUM.		A BASE DE CADMIUM.	
		Maximum d'intensité.	Teinte dégradée.	Maximum d'intensité	Teinte dégradée.
Blanc. .	Blanc.	Blanc. . . .	Blanc.	Pas de différence avec le potassium.	Les teintes dégradées semblent plus lumineuses, c'est-à-dire moins noires.
Bleu ciel	Cobalt et blanc.	Blanc. . , .	Blanc.		
Bleu . .	Bleu de Prusse	Gris.	Gris.		
Indigo. .	Indigo.	Demi-noir. .	Demi-noir.		
Violet. .	Carmin, bleu de Prusse	Gris	Gris.		
Rouge. .	Carmin.	Demi-noir. .	Gris.		
Orangé.	Carmin vermillon jaune	Demi-noir. .	Demi-noir.		
Jaune. .	Jaune indien	Gris foncé. .	Demi-noir.		
Vert. . .	Vert de Prusse.	Noir.	Presque noir.		
Noir. . .	Noir de fumée	Noir.	Presque noir.		

Ainsi, du Noir absolu au Blanc pur, nous trouvons une teinte intermédiaire que nous nommons demi-noir ; entre celle-ci et le Blanc, deux seulement à peu près à égale distance d'intensité, et que nous nommons Gris et Gris foncé. En tout, pour rendre les dix couleurs dérivées, cinq teintes y compris le Noir et le Blanc.

§ 11.

Groupement d'après l'effet produit. — Ce que nous appelons
le maximum d'une teinte.

Nous sommes, d'après l'expérience ci-dessus, autorisés à grouper ainsi l'effet des substances sensibles à base de Potassium et Cadmium.

Le Blanc . . . . } se rendent par le Blanc.
Le Bleu ciel. . . . . }

Le Bleu. . . . .)
Le Violet . . . . } par le Gris.
Le rouge dégradé ou Rose .)

Le Jaune . . . . | par le Gris foncé.

L'Indigo. . . . .)
Le Rouge. . . . . } par le Demi-Noir.
L'Orangé . . . .)

Le Vert. . . . . } par le Noir.
Le Noir. . . . .)

En somme, la modification d'intensité dans les teintes, en tant que le Blanc n'y domine pas, ne change presque rien à l'effet photogénique, sinon pour le Rouge, qui, passant au Rose, devient égal en puissance photographique au Bleu et au Violet à leur maximum.

Nous devons ici faire une distinction importante sur ce que nous appelons le maximum d'une teinte. En effet, les trois couleurs simples peuvent être amenées à un état de concentration tel, qu'elles se présentent sous un aspect noir plus ou moins complet. Nul doute qu'à cet état leur pouvoir photogénique serait le même. D'un autre côté, les couleurs ordinaires qui forment l'échelle que nous avons choisie et qui ne sont que des mélanges des trois primitives, pourraient aussi être amenées par la concentration à un Gris ou à un Noir plus ou moins foncé. Nous ne nous occupons point de ce maximum, mais bien de celui que donne une teinte franchement étendue et assez intense pour n'être pas modifiée par le blanc du papier sur lequel elle repose et pour pouvoir l'absorber complétement.

§ 12.

Comment la gravure rendra la même échelle d'essai.

Nous avons fait observer que nous n'avions que deux couleurs, le blanc et le noir, et leur mélange, le gris, pour rendre nos cinq couleurs fondamentales et toutes leurs combinaisons. Certes, les moyens ordinaires du crayon, de la gravure ou de la peinture en grisaille, qui ne disposent pas d'autres ressources, arrivent à rendre l'effet de la nature d'une manière satisfaisante ; mais si nous chargeons un artiste de reproduire avec son crayon l'échelle colorée dont nous nous servons et dont nous étudions les effets, il ne rendra certainement pas le rouge, l'orangé, le jaune et le vert par un noir presque complet. Il suivra l'impression de l'œil, et nous, nous obéissons à celle mystérieuse de la lumière sur les substances sensibles.

Il reproduira les dix teintes à peu près ainsi :

Le blanc par le blanc ;
Le bleu ciel et le jaune par le gris faible ;
L'orangé par le gris ;
Le bleu
Le violet   } par un gris plus foncé à peu près de même valeur pour
Le rouge   les trois ;
L'indigo par un gris encore plus foncé ;
Le vert par le demi-noir ;
Le noir par le noir.

En somme six teintes, mais placées très-différemment de celles photographiques, et qui, par leur valeur relative, rendront beaucoup mieux à notre œil les rapports représentés, puisqu'elles sont le produit de l'intensité lumineuse sur notre organe.

§ 13.

Iodure et Bromure d'argent présentant des points obscurs sous l'action du spectre. — Ces points correspondent à des couleurs abondantes dans la nature. — Transparence de l'air. — Brume.

Si nous nous reportons maintenant à l'effet du spectre solaire, nous sommes obligés de reconnaître que les deux corps auxquels nous demandons la reproduction des images, savoir : l'Iodure et le Bromure d'argent présentent chacun des points obscurs dans la reproduction du spectre, c'est-à-dire que certaines nuances ne les impressionnent point, ou du moins ne produisent de l'effet que dans un temps incomparablement plus long que les autres. Heureusement ces points obscurs dans l'image de chaque spectre ne correspondent que sur une petite longueur représentant le passage du jaune au vert, par conséquent le mélange des deux corps sensibles permet de reproduire à peu près toutes les couleurs où n'entrent pas celles-ci en majorité.

Or, il se présente de suite à notre esprit que ces deux couleurs, les plus abondantes de la nature (paysage),

offriront de grandes difficultés, quand surtout elles seront en opposition avec des bleus et des blancs, et c'est
en effet ce qui arrive ; car non-seulement la couleur influe sur l'intensité de la teinte qui doit la reproduire,
mais elle a de l'action sur la perfection de l'épreuve.
La confusion des arbres jaunes et verts tient plutôt à
la couleur de leurs feuilles qu'à leur agitation. Les objets bleus, gris, violets donnent des images beaucoup
plus nettes. Aussi les vues des édifices sont-elles bien
plus faciles à faire, et, il faut le dire, comme perfection
de lignes et de finesse, supérieures à celles du paysage
(nous mettons de côté la question d'effet, qui est la
même pour toutes). La transparence et la tranquillité de
l'air sont des circonstances favorables , tant parce
qu'elles abrégent la durée de l'exposition, que parce
qu'elles donnent plus de finesse aux détails dans les
images. Cette transparence, si heureuse pour les vues
géométriques d'édifices, peut nuire à l'effet d'un paysage,
et souvent une légère brume ou vapeur aidera, s'il sait
s'en servir, l'artiste à faire fuir ses lointains.

§ 14.

Effet de la distance sur la netteté. — Gradation lumineuse ayant son
action maxima au ciel. — Paysage d'été. — Son étude. — Sa tra-
duction par la photographie. — Comment l'obtenir exact.

En général, les objets sont ou paraissent d'autant
plus nets et plus lumineux qu'ils sont plus près de nous ;

par conséquent les lignes d'un paysage vont en s'éteignant pour l'œil jusqu'aux horizons, qui s'égalisent enfin avec la couleur du ciel et se confondent avec lui. Cependant, remarquons que dans la nature le ciel est toujours la partie la plus lumineuse du tableau, circonstance dont la photographie démontre la vérité à chaque épreuve, mais dont une grande quantité de peintres ne se soucient guère, le ciel pour eux, servant de repoussoir à des premiers plans chargés de lumières exagérées ; mais, je le répète, la photographie procède exactement ; pour elle la gradation lumineuse a son action maxima au ciel ; la lumière va en s'éteignant du ciel aux premiers plans. On peut donc dire que, comparé au résultat final à obtenir, le premier travail de la photographie est complétement faux, puisque si l'on arrête son action trop tôt, les lointains ont une valeur déjà effacée quand les premiers plans sont complétement privés de lumière et ne laissent distinguer aucun des détails qui doivent, autant par leur nombre que par leur éclat lumineux, rapprocher le premier plan de l'œil. Prenons pour exemple frappant un paysage d'été ; nous nous apercevons, à la seule inspection sommaire, que le ciel, extrèmement photogénique comme couleur, quand même il ne le serait pas comme source de lumière, se traduira par des blancs absolus, les lointains bleus et gris presque aussi éclairés, par des gris à peine sensibles ou disparaissant peut-être dans un blanc complet, viennent aux plans intermédiaires des arbres : quoiqu'un peu illuminés par la couleur bleue de l'air interposée, ils donnent une teinte trop foncée comme relation, et enfin le premier plan vert ou jaune du gazon ou des arbres, les buissons, les chemins jaunes et poudreux quoiqu'en plein soleil, se traduiront en noir absolu.

En contemplant cette épreuve, aurons-nous une idée exacte du paysage reproduit? Évidemment non. Heureusement qu'en modifiant la durée de l'exposition à la lumière, il se produit un effet singulier, celui de la transparence des noirs négatifs donnant un peu de gris aux tons clairs et permettant aux couleurs verte et jaune d'impressionner suffisamment la couche sensible.

Cette observation photographique, très-connue aujourd'hui et très-étudiée, est la seule ressource pour obtenir un peu d'harmonie dans les effets; elle manque cependant quand les parties vertes dominent seules comme dans les vues de forêts. Il faut alors un grand tact, tout en prolongeant l'exposition à sa dernière limite, pour ne pas la dépasser et n'avoir plus qu'une image terne, grise et sans vigueur. Heureusement les surfaces brillantes de certaines feuilles, renvoyant la lumière sans la décomposer entièrement, produisent des effets de vigueur très-heureux parfois : en outre, les tons automnaux, qui tirent sur le rouge et le gris, massent les arbres en plus larges parties et permettent des effets que rien ne pourrait donner.

§ 15.

Effets impossibles. — Photographie non coloriste.

On comprend dès à présent que cette ressource ne pare pas à toutes les éventualités, ne satisfait pas toutes les combinaisons de couleurs, et que son emploi ne suffit pas à rendre des tons inabordables; tels que dans certains pays, des édifices peints en jaune et en rouge, couverts de tuiles rouges et dominés par des massifs d'arbres verts, tels que le sapin et les arbres des montagnes. Jamais la photographie ne rendra ces effets (avec ses moyens actuels), pas plus que les ruines jaunes et étincelantes de l'Orient; car, pour l'œil, l'objet est extrêmement brillant, et pour la couche sensible, il est presque complétement noir. Même effet pour une draperie rouge sur un fond vert, jaune ou indigo, pour une décoration verte, jaune ou rouge sur un habit noir.

On a donc tort de dire que la photographie est essentiellement coloriste, puisqu'elle donne souvent un effet faux pour notre œil. Comment la photographie est coloriste, quand il lui est presque impossible de rendre les plis de certaines draperies de velours! Et certes, pour notre œil, le velours jaune, rouge, vert, cramoisi, ne produit pas une impression d'obscurité. Comment, elle est coloriste, lorsqu'elle rend aussi foncée la teinte des cheveux blonds que celle des cheveux châtains, à cause de la présence du jaune antiphotogénique ! Non, ce n'est qu'au moyen d'artifices et de précautions nombreuses que la photographie peut être amenée à donner des reproductions vraies, et encore elle a des écueils à surmonter qu'elle tournera seulement, tant que ses bases actuelles seront employées. En général, l'épreuve photographique manque de fermeté si elle abonde en finesse, et manque de détails si on la fait trop ferme. Le juste-milieu est un tour de force que le hasard produit quelquefois entre les mains d'opérateurs habiles, mais qu'eux-mêmes avouent n'être jamais certains de répéter.

Que l'on ne voie pas dans ces lignes une idée de dénigrement de l'art admirable au développement duquel nous sommes voués ; mais sa part véritable est si belle, son domaine naturel si étendu, qu'il est bien permis de lui montrer son côté faible et les bornes qu'il ne peut franchir.

<h2 style="text-align:center">§ 16.</h2>

Comparaison des gammes de la gravure et de la photographie. — Groupement résumant ces expériences. — Palettes différentes, sauf dans les points extrêmes.

Rapprochons, pour en tirer la dernière conséquence, les uns des autres, les modes de représentation de nos couleurs, par le dessin ou la gravure et par l'épreuve photographique.

COULEURS.	PHOTOGRAPHIE	GRAVURE.	ÉGALITÉ DE REPRODUCTION.
Blanc.	Blanc	Blanc	Blanc.
Bleu ciel. . . .	Blanc	Gris très-faible. .	»
Bleu	Gris clair	Gris.	»
Indigo	Demi-noir. . . .	Gris foncé. . . .	»
Violet.	Gris clair . . .	Gris.	»
Rouge	Demi-noir. . . .	Gris.	»
Orangé.	Demi-noir. . . .	Gris faible. . . .	»
Jaune.	Gris foncé. . . .	Gris très-faible. .	»
Vert.	Noir.	Demi-noir. . . .	»
Noir	Noir.	Noir.	Noir.

Nous arrivons à ce groupement final qui résume nos expériences :

COULEURS REPRODUITES AVEC ÉGALITÉ DE VALEUR PAR LA GRAVURE ET LA PHOTOGRAPHIE.	COULEURS REPRODUITES DE VALEURS PLUS LUMINEUSES.	
	PAR LA GRAVURE.	PAR LA PHOTOGRAPHIE.
Blanc.	»	»
»	»	Bleu ciel.
»	»	Bleu.
»	Indigo.	»
»	»	Violet.
»	Rouge.	»
»	Orangé.	»
»	Jaune	»
»	Vert. . . . . . . , .	»
Noir.	»	»

Et maintenant, comment voulez-vous, avec deux palettes qui ne s'accordent que dans les teintes extrêmes, rendre les effets de la même manière? Comme, en définitive, ce n'est pas une abstraction que nous jugeons, mais une œuvre de nos yeux et de nos mains, et dont le principal mérite doit être de rendre la nature comme nous la voyons, sans contredit, le crayon et la gravure sont plus près de notre sentiment et la photographie plus loin de nos conventions.

Mais si elle perd du terrain sous le rapport de la couleur, combien elle reprend d'empire par le charme de sa naïveté, par la force de sa vérité et l'inépuisable abondance de ses impressions. Son dessin si correct, sa perspective linéaire si exacte l'emportent et l'emporteront toujours. Je ne parle point ici des mille jeux d'ombre et de lumièrequ'il est donné au photographe de saisir, et qui, déroutant l'imitation, montrent combien le vrai est difficile à rendre, et quelle voie ardue est celle de la perfection.

§ 17.

Comment choisir le premier plan d'un paysage.

On a écrit dans plusieurs Traités de photographie, à propos du paysage, qu'il était bon de laisser le premier plan un peu *flou*, pour concentrer toute l'attention sur l'objet principal à reproduire. Nous ne sommes pas de cet avis, pas plus au reste que ceux qui l'ont écrit et

qui se gardent bien de le suivre. Sans doute, même en
se servant d'un objectif simple à long foyer, cette circonstance arrivera si l'on met au point ainsi ; mais nous,
nous évitons ce contre-sens au moyen d'un artifice bien
simple et que la portée des objectifs permet toujours.
Nous prenons pour premier plan celui de l'objet principal à reproduire, qui en réalité, est souvent le second
dans la nature, d'après l'endroit où nous nous plaçons.
De cette manière, les *flous* sont rejetés en arrière, sur
les derniers plans, où l'œil nous les montre naturellement, et nous avons, comme le bon sens et l'habitude
le veulent, un premier plan net dans son ensemble et
aussi près de nous, que si nous n'avions pas supprimé
celui qui existe réellement.

De tout ce qui précède, nous concluons que le grand
art du photographe actuel procède d'une extrême sobriété de détails dans le choix des sujets, car de cette
unité dépend le maximum d'effet. Cet art demande en
plus une immense habitude des jeux de couleur photographique.

§ 18.

Sobriété de détails. — Loi des contrastes particulière au photographe.
— Lignes magistrales à rechercher. — Composition sobre et large du
tableau photographique.

Que cet artiste soit toujours sur le qui-vive des dis-
parates choquants ; la loi des contrastes est pour lui

toute autre que pour le peintre ; où ce dernier ne voit que des tons homogènes, l'autre saura découvrir assez d'opposition pour faire un tableau parfait. Nous le savons, la grâce dans les détails a un charme extrême, abandonnons-nous à elle seulement dans de délicates petites pages où nous serons inimitables, et quand nous chercherons à composer un tableau comprenant un fragment complet de la nature extérieure (car nous ne pouvons agir autrement), faisons-le sobrement et surtout largement.

Que nos lignes magistrales s'enfuient et s'enfoncent derrière des horizons à leur valeur, et que nos premiers plans, nets et accusés, étincellent de lumière et des détails que nos yeux y voient d'habitude. Nous ne pouvons mieux faire que de rappeler le dicton de La Fontaine : « Ne forçons point notre talent... » Persuadés que nous sommes qu'il doit être toujours présent à la mémoire du photographe ami de l'art, et vraiment désireux de créer en ce genre quelque chose de sérieux, et qui le distingue de la multitude des œuvres hâtées et mercantiles des producteurs les plus nombreux.

DEUXIÈME PARTIE

DU PAPIER CIRÉ RAPIDE [1]

§ 1er.

Préliminaires.

Je n'écris pas les lignes qui suivent pour les opérateurs qui commencent à étudier les procédés sur papier ciré ; elles sont destinées à ceux qui, déjà initiés aux difficultés de cette méthode, cherchent à repousser du chemin des obstacles qu'ils rencontrent, et à se frayer une voie droite et unie vers la perfection. Ce que je cherche, c'est à éclaircir encore et à rendre plus simple et plus sûre, une méthode déjà si féconde en résultats,

1. Méthode présentée à l'Institut (Académie des Sciences) le 27 octobre 1856.

et qui, malgré la solution du problème du Collodion sec (voy. partie IVe), n'en conservera pas moins l'avantage de moins de poids et de bagage possible, et la certitude d'effets que l'autre ne peut pas rendre, parce que sa constitution intime et son peu d'épaisseur s'y opposent.

Telle est la question que je me suis posée et que je résous en décrivant ma méthode rapide. Si elle n'est pas neuve sur tous les points, elle contient sur presque tous des modifications essentielles, et auxquelles je dois les épreuves qu'entre mes mains et celles de mes élèves elle a produit.

§ 2.

Choix du papier. — Cire pure. — Cirage fort important. — Points de vue différents sur l'emploi du papier ciré. — Image superficielle et non intérieure. — Inertie relative suffisante.

Le papier étant supposé choisi et de consistance moyenne, plutôt mince qu'épais, surtout pour les commençants, nous le cirerons par l'une des méthodes connues : la plus simple est celle du fer ordinaire. Nous ferons nos efforts pour nous procurer une cire blanche et pure, parce que sans cela nous aurions sur la feuille des traînées blanches opaques et piquetées, qu'un nouveau cirage ne fait pas disparaître et que je crois produites par le corps étranger introduit dans la cire, peut-être la stéarine en combinaison avec l'encollage du papier, car seule elle est volatile et disparaîtrait sous l'action de la chaleur ; il en serait de même de l'acide stéarique, en le chauffant suffisamment on le ferait disparaître et les traînées qui nous occupent persistent sur un papier roussi. Le cirage du papier étant la base, la première opération de ce procédé, il est fort important ; puisque s'il est mauvais, les préparations subséquentes auront beau être parfaites, l'édifice manquera par sa base. Il y a, en effet, deux manières très-distinctes d'envisager l'emploi du papier ciré. Ou, considérer la feuille comme devant renfermer l'image dans son épaisseur ; ou, se servir de la feuille transparente comme d'un corps inerte destiné seulement à supporter une couche sensible intimement unie à lui et contenant l'image. Ces deux points de vue si différents, et au dernier desquels nous nous arrêtons avec conviction, ont donné nécessairement lieu à des méthodes très-différentes. Les opérateurs qui ont cherché à imprégner la feuille de l'image, ont dû beaucoup se préoccuper du grain et de la texture de la feuille de papier. Dans l'état actuel de la fabrication, ce n'est pas chose facile de trouver des qualités de papier qui répondent à une partie seulement de ce qu'on désire ; de la est née la quantité de procédés d'amélioration qui ont été proposés et qui tous ont un grave inconvénient, celui de compliquer les manipulations en en augmentant le nombre.

On objectera sans aucun doute à ma méthode que, demander l'inertie à une feuille de papier en présence de sels d'argent réductibles, est une utopie, parce que la cellulose, même imprégnée de cire, exerce une action facile à constater. Cette objection est vraie et serait victorieuse si j'avais besoin d'une inertie complète, mais je suis loin de ce point puisque je reconnais que même au moyen d'un puissant encollage et en diminuant autant que possible le temps d'imprégnation, il y a pénétration, filtrage en quelque sorte, du liquide par les couches du papier ; les mucilages et gélatines restant à la surface, et l'eau iodurée pénétrant seulement. C'est cet effet que je combats, et que j'atténue assezpour pouvoir n'en pas tenir compte, et surtout pour rester dans les limites du possible, du commode et du pratique.

<h2 style="text-align:center">§ 3.</h2>

Du bain iodurant. — Encollage fort et abondant. — Iodure alcalin rare et superficiel. — On pèche toujours par excès d'ioduration et défaut de pose.

La feuille du papier étant bien également dégorgée de cire, nous composerons un bain iodurant devant satisfaire à nos conditions spéciales : il doit contenir un encollage puissant qui, obturant les pores du papier, lui enlève la faculté décomposante des sels d'argent, et les isole en quelque sorte de la cellulose, assimilant la feuille à une surface inerte. Cependant si cet encollage était trop épais, il faudrait craindre qu'en suspendant les feuilles pour les sécher, il ne se retirât en gouttes oblongues ou en lignes irrégulières, qui forment des taches noires sous la réduction gallique, parce qu'il se trouve une trop grande quantité de sels d'argent accumulés à ces places après la décomposition des iodures alcalins. Il faut que cet iodure alcalin soit peu abondant dans le bain, afin qu'après l'immersion du papier, celui-ci ne se trouve pas en sortant du bain d'azotate, chargé d'une couche trop épaisse de sels d'argent qui produit une épreuve molle et empâtée. Nous sommes autorisés par de sérieuses expériences répétées par moi et par mes élèves, à penser que plus il y a d'iodure d'argent à la surface du papier, plus il est sensible, mais moins l'image est fine; quand on cherche la plus grande finesse possible, et elle peut arriver à celle du collodion, il faut diminuer la dose des iodures et poser plus longtemps parce que la sensibilité décroît. Somme toute, surtout pour les opérateurs qui n'ont pas une grande habitude du procédé, *on pèche toujours par excès d'ioduration et défaut de pose*. Cette observation doit être sans cesse présente à la mémoire de l'opérateur. Nous avons donc établi qu'il faut que l'encollage maintienne l'ioduration à la surface du papier pour obtenir la finesse unie à la plus grande rapidité possible.

§ 4.

Il est important que la feuille sensible ne contienne que des sels d'argent sans excès de sels alcalins. — Inconvénient des bains trop limpides. — Papiers épais préferables. — Une des variétés de grenu. — Exclusion de l'albumine. — Adoption de la gélatine.

Ce n'est pas à dire qu'on puisse si entièrement fermer les pores, que le papier n'absorbe pas d'iodure alcalin, car nous verrons que le temps d'excitation de la feuille dans le bain d'acéto-azotate d'argent doit être assez considérable pour que la couche, même profonde, soit complétement décomposée et que la feuille ne contienne plus que des sels d'argent, et cependant, un bain formé simplement d'eau et d'iodure alcalin ne peut jamais satisfaire aux conditions d'une belle épreuve. Presque toujours dans cette solution trop limpide, le papier est beaucoup plus imprégné qu'il ne faut d'iodure, surtout si sa texture est un peu épaisse, parce qu'alors on attend que l'imbibition de la feuille soit complète et elle devient surabondante. Ce papier séché, puis plongé au bain d'argent, devra y séjourner un temps considérable pour que la décomposition soit complète jusque dans les couches intérieures. Même en prolongeant l'immersion autant qu'on le croira nécessaire, et beaucoup plus longtemps que nous le faisons par notre méthode, il n'est pas prouvé que le liquide

argentifère, gêné par la cire et filtré par la couche extérieure de sel d'argent qui se forme instantanément et
devient de plus en plus dense, puisse opérer à l'intérieur une décomposition parfaitement complète et fournir une épaisseur tout à fait homogène. Nous parlons
bien entendu des papiers négatifs épais, les seuls capa-
bles de donner les effets de profondeur qu'on doit demander au procédé envisagé par imbibition. Qu'arrivera-
t-il alors que l'on conservera cette feuille ainsi préparée?
Si elle a été parfaitement et longtemps lavée, l'azotate
d'argent en chemin dans la couche extérieure de sel
d'argent insoluble pour arriver aux couches internes,
sera emporté et il y aura des moins de sensibilité dans
les endroits où il devait arriver, partant un grenu
nuageux à ces places. Si la feuille est incomplétement lavée, ce qui arrive bien plus souvent qu'on ne le croit malgré les soins, l'azotate d'argent se rassemblera par cristallisation dans les petits canaux du papier non obturés
par la cire (et il s'en trouve toujours où l'air n'a pas
laissé arriver la cire chaude); là ce sel dissoudra, en se
concentrant, l'iodure d'argent insoluble dans l'eau, et
sous la réduction gallique formera de petites taches
noires visibles surtout en transparence et constituant
une des variétés de *grenu* les plus communes; variété
qui reproduit la texture du papier et que l'on reconnaît
en comparant au jour transmis la feuille grenue et une
feuille non cirée de la même main de papier. Nous ex-

cluons de notre méthode l'albumine, non pas parce qu'elle donne des résultats médiocres, mais à cause de la difficulté et de l'inconstance de sa préparation. Il existe bien assez de chances d'insuccès dans ce procédé, sans le compliquer encore de celle-ci. C'est pourquoi nous préférons les gélatines végétales et animales qui s'appliquent facilement en dissolution dans le bain imprégnateur, obturent les pores tout aussi bien, ne décomposent pas le bain sensibilisateur et donnent une rapidité plus grande ; sans doute parce que le vernis qu'elles forment est plus perméable aux liquides réducteurs que l'albumine à consistance cornée.

§ 5.

Composition facultative d'un bain à l'albumine. — Formule. — Manière de le faire. — Immersion de la feuille. — Baguette coudée. — Temps d'imprégnation. — Séchage. — Le bain doit être épuisé.

Si cependant quelques opérateurs ne craignent pas d'ajouter cette difficulté à celles qu'ils auront surmontées, leur persévérance sera récompensée par de très-beaux effets, mais il faudra encore augmenter d'un cinquième au moins le temps de pose, souvent même d'un quart.

Voici la manière d'opérer :

Après que la feuille est iodurée et sèche, prenez :

Eau distillée. . . . .   65 grammes.
Iodure de potassium.   5   —
Sucre de lait.   10   —
Albumine   300   —
   représentés par 10 blancs d'œufs ordinaires.

Filtrez dans l'albumine les deux sels dissous dans l'eau distillée, battez en mousse, laissez reposer une nuit, décantez dans une cuvette. Quand la surface du bain sera parfaitement débarrassée de bulles d'air que vous chasserez en y promenant une bande de papier buvard, vous poserez la feuille en la soulevant par deux coins opposés et évitant les bulles qui pourraient se former à sa surface. Puis, pour ne pas agiter le bain, vous l'enfoncerez rapidement dedans au moyen d'une baguette de verre plein coudée ayant une des formes ci-dessous indiquées, et qu'on obtient très-facilement à la flamme d'une simple lampe à alcool. On s'en sert de la

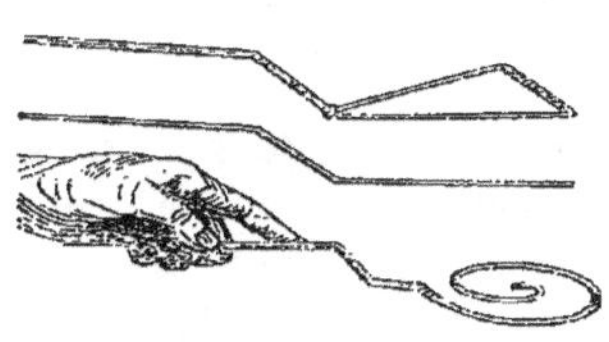

Fig. 1.

même manière pour faire baigner les feuilles dans notre bain imprégnateur décrit ci-après. Il ne faut pas mettre plus de deux feuilles à la fois, afin de surveiller les bulles qui causent des *fils* ou traces irréparables ; il faut encore que le bain soit abondant pour que la feuille de dessus ne sorte pas, ce qui la tacherait.

Laissez 30 minutes au moins; enlevez sans temps d'arrêt et très-doucement, suspendez. S'il y a des bulles, en les touchant doucement d'une pointe de papier buvard elles s'effacent. Craignez également les accumulations d'albumine dans certaines parties de la feuille; en séchant, elles forment une série de cercles concentriques dorés qui déparent absolument l'épreuve.

Mettez au sec, et quand vous aurez passé au bain d'argent, ce qui doit se faire sans temps d'arrêt, ajoutez dans le flacon 10 p. 100 de kaolin pulvérisé, afin que quand le liquide deviendra noir au bout de quelques jours, vous le clarifiez en agitant vivement et laissant reposer. Le reste de l'albumine se décompose au bout de peu de jours et doit être épuisé dans sa fraîcheur.

<h3 style="text-align:center">§ 6.</h3>

Bain gélatineux. — L'épuiser en quelques jours. — Formule de l'encollage. — Manière de le faire et précaution à prendre. — Immersion des feuilles. — Précautions en séchant.

Revenons à notre méthode simple. Nous choisirons donc un système d'encollage que j'appelle intérieur, et nous combinerons ainsi ce bain qu'il faut faire assez abondant pour baigner commodément le nombre de feuilles que l'on désire, mais qu'il vaut mieux épuiser que conserver. Il contient des matières mucilagineuses en abondance, et un ferment naturel fourni par la graine de lin ; aussi la liqueur conservée aigrit et se décompose. Si elle n'avait que le défaut de devenir acide, tout se réduirait à la mise en liberté d'un peu d'iode et à une coloration rouge qui ne nuit pas ; mais la putréfaction agit sur l'amidon en présence de l'eau, et plus rapidement encore sur les gélatines végétales et animales, et les décompose si rapidement, qu'au bout de quelques mois, surtout si la température est élevée, l'alcool produit à peine un précipité gélatineux. Il faudra donc ne pas garder le bain plus de quelques jours, quelques semaines au plus, pour qu'il conserve ses propriétés encollantes extérieures. Passé ce temps, on n'aurait plus qu'un bain d'iodure de potassium dans de l'eau impure et croupissante.

Mettez dans un vase de porcelaine :

Eau ordinaire filtrée.	2 litres.
Riz blanc.	150 grammes.
Graine de lin très-belle et non fermentée. . . .	50 —
Colle de poisson ou à défaut gélatine blanche. .	25 —

Il est bon de dissoudre d'abord à chaud la gélatine, et indispensable surtout de le faire pour la colle de poisson qui est préférable, parce que l'eau froide ne la dissout point, ne fait que la gonfler, et que si on laisse bouillir le mélange assez de temps pour qu'elle se dissolve, le riz est beaucoup trop crevé, et le bain chargé d'amidon comme une bouillie, est manqué. Il faut que

4

cuit dans l'eau de colle, le riz offre à peine quelques grai-
nes ouvertes ; mais que la gélatine végétale de la graine
de lin soit très abondante. On peut donc faire trois parts
de l'eau destinée à composer le bain ; en prendre une
pour dissoudre la colle de poisson au bain-marie, la seconde, pour cuire légèrement le riz, et la troisième,
pour extraire de la graine de lin tout le mucilage ou gélatine végétale qu'elle peut donner. Mêler les trois ensuite ; filtrer encore chaud dans un linge, et prendre de
cet

Encollage	1000 grammes.
Sucre de lait. . . . . , ...	50 —
Iodure de potassium.	35 —
Bromure de potassium. . -	5 —

Immergez-y encore chaud, sans bulles d'air et l'une
après l'autre, vos feuilles douze minutes au plus. Suspendez et laissez sécher.

Si le bain était froid, sa nature éminemment vis-
queuse ne lui donnerait pas facilité d'adhérer à la cire,
la décomposition ne se ferait que par places, sur lesquelles le liquide se retirerait en gouttes lors de la suspension, et l'image serait maculée de toutes ces taches ;
en un mot, la feuille serait perdue, et une nouvelle immersion ne détruirait pas ce résultat sur le papier épais,
quoiqu'elle y remédie quelquefois sur les qualités très-
minces.

§ 7.

Se conserve trois mois. — Réioduration après un temps plus long. —
Papier au cyanure, ne se réiodure pas, se couvre de points rouges.
— Temps d'imprégnation. — Son importance.

Ce papier se conserve bon deux à trois mois, et ce qu'il y a de remarquable, c'est qu'au bout de ce temps vous pouvez lui rendre toute sa fraîcheur d'ioduration en le remettant au bain cinq minutes. Ce qui fait penser qu'après la saponification de la cire produite par la potasse de l'iodure décomposé, l'iode se portant d'abord sur l'amidon fourni par le riz, s'évapore ensuite lentement, laissant le papier apte à devenir de moins en moins sensible.

Nous avons du papier ioduré depuis deux années : celui qui l'a été par une formule contenant du cyanure et du fluorure de potassium, ne peut pas se réiodurer, parce qu'il présente, au bout de quelques mois dans sa texture, une foule de points rouges, visibles en transparence après le développement de l'épreuve et le cirage définitif. Ces points sont indélébiles. Tandis que le papier qui a été ioduré par la formule ci-dessus revient comme aux premiers jours par les immersions subséquentes, et fournit des épreuves aussi bonnes, peut-être même meilleures que s'il n'avait subi qu'une seule opération. Ce fait, mis hors de doute par des expé-

riences répétées, est un avantage que l'on peut mettre
constamment à profit pour l'ioduration du papier : un
peu plus de soin n'est rien quand on atteint un bon résultat, et on peut diviser la préparation complète pré-
liminaire du papier en deux immersions de dix minutes
chaque, à quelques jours, ou mieux, à quelques semaines d'intervalle.

On doit remarquer que nous indiquons douze minutes
comme temps maximum d'imprégnation dans le bain
iodurant, parce que, nous le répétons, c'est surtout de
l'état de la surface du papier que dépend la beauté de
l'image, et c'est quand on est certain d'obtenir cet état
constant, qu'alors, en opérant sur nature, on peut chercher à varier ses effets, sacrifiant tantôt la sécheresse
pour obtenir du relief ou de la profondeur, tantôt l'effet
général pour un détail plein de délicatesse qui doit dominer par son intérêt.

§ 8.

Bains d'azotate d'argent. — Formule. — Temps d'excitation. — Son
importance. — Quantité d'argent absorbé.

Le bain d'azotate d'argent est de proportion moyenne :

Eau distillée . . . . 100 grammes.
Azotate d'argent cristallisé . . . . 6 —
Acide acétique cristallisable . . . . 9 —

On peut remplacer facilement ce dernier par un acide

acétique quelconque, en le dosant préalablement au moyen d'une quantité connue (1 gramme par exemple) d'alcali qu'on lui fait neutraliser (potasse).

En suivant la marche naturelle des opérations, nous arrivons ici à un point où je diffère essentiellement des autres opérateurs. Je recommande une excitation d'au moins vingt minutes au bain d'argent, et trente si la feuille a 30—40 centimètres de dimension, parce que, dans ce cas, il est rare que le photographe se décide du premier coup à faire un bain proportionnellement aussi abondant que pour une feuille normale. De plus, il faut se souvenir que le bain dont je viens de donner les proportions, laisse absorber à chaque feuille normale 18^c—24^c, environ $0^{gr},18$ d'azotate d'argent combiné, et 3 à 4 centimètres cubes de bain contenant encore $0^{gr},20$ à $0^{gr}25$ du même sel, en total 4 décigrammes et demi, $0^{gr},45$, qui avec les pertes et les filtres, doit être compté à 5 décigrammes. Par conséquent, quand on aura sensibilisé six feuilles normales, il sera à propos de renforcer le bain de 3 grammes d'azotate, de 20 centimètres cubes d'eau distillée et de 3 centimètres cubes d'acide acétique. Et ainsi de suite. La plus grande perte d'acide provient de son évaporation rapide favorisée par la grande surface des cuvettes et le transport des feuilles du bain aux lavages.

Le même calcul est facile à faire pour toutes les dimensions avec lesquelles on opère, en partant de ce fait, qu'il faut au moins 250 grammes de liquide pour baigner une feuille normale dans une cuvette aussi juste que possible, sans qu'elle sorte du liquide et se tache à coup sûr dans l'endroit émergé.

§ 9.

Explication du système ci-dessus. — Lavages différents, suivant la rapidité désirée et le temps de conservation de la feuille. — Exposition rapide pour la feuille moite, plus longue pour la feuille sèche.

Voici maintenant comment j'explique les bons résultats de ce système. Nous avons déjà remarqué que le bain iodurant était visqueux, et, surtout si la température est un peu froide, d'une pénétration difficile sur un papier ciré; par conséquent la feuille n'est que peu imprégnée à l'intérieur, elle ne l'est en quelque sorte que par le liquide filtré par la surface qui s'enduit de gélatine et d'amidon. Le même effet se produit au bain d'argent, et précisément à cause de la formation rapide des iodures et bromures d'argent insoluble et fermant tous les pores de la surface, il faut un temps relativement considérable pour que la feuille soit imprégnée dans son épaisseur. On s'aperçoit, en la posant dans le bain, qu'elle se couvre, par places d'abord, de sels d'argent, puis, peu à peu, ces parties se joignent, s'unissent; la feuille devient jaune mat, son opacité est complète, son grain bien égal. En cet état, elle est prête aux lavages que je recommande de faire abondants et prolongés, si l'on veut opérer à quelques jours d'intervalle, et moins copieux si l'on désire une grande rapidité.

Quand on doit opérer très-vite sur le terrain, et qu'on peut revenir chercher chaque feuille à l'atelier, on sensibilise le matin les feuilles nécessaires, on les laisse tremper toutes dans une cuvette où elles baignent dans une eau pas trop abondante, et qui, se chargeant du nitrate que les feuilles dégorgent, devient un bain faible. Au moment de faire une épreuve, on sort une feuille de cette eau, on éponge entre des buvards et on expose moite.

Il est incontestable que la minime portion d'acéto-azotate dont la feuille est imprégnée, agit, par son action de présence, sur la rapidité de formation de l'image. Probablement, et je le pense, ce sel n'a pas d'action sensible lors de la pose, mais il en a une bien réelle lors de la réduction gallique qu'il accélère considérablement, et qu'il régularise par la manière dont il est réparti dans la texture du papier.

Il faut au contraire à une feuille sèche et rapportée de voyage, un certain temps pour reprendre le liquide, et est-on bien sûr qu'elle se met dans le même état qu'avant son asséchement, car, dans l'intervalle de temps écoulé, beaucoup de causes ont pu faire varier l'état de sa surface, et même faire réagir, l'une sur l'autre, les matières qui la composent. Ainsi donc, nous sommes assurés que la présence d'un puissant encollage qui, comme celui que nous employons, englobe en quelque sorte le sel d'argent sensible de toutes parts, empêche en grande partie ces taches d'argent réduit qui si souvent désolent par leur persistance.

§ 10.

Procédé à la céroléine modifié. — Formule. — Temps d'imprégnation. Grain très-fin, pose plus longue.

Nous voulons dire un mot en passant d'un procédé basé sur un ordre d'idées tout opposé, et qui donne souvent de bons résultats aussi, à condition d'y employer du papier plus mince et qui fournit par conséquent des oppositions moins puissantes et des épreuves plus uniformes.

Vous cirez le papier comme à l'ordinaire.

Vous faites une solution de céroléine dans l'alcool, 15 grammes de cire par litre suffisent grandement; prenez :

Alcool céroléiné. . . . . 100 grammes.
Iodure de potassium . . . . 2,50 —
Bromure de potassium . . . . 0,25 —

Immergez-y les feuilles cirées 10 minutes; ce qui se fait avec la plus grande facilité et sans danger de bulles d'air, en les plongeant un peu obliquement. Le grain ioduré est excessivement fin. Il est à remarquer qu'au sortir du bain d'ioduration par l'eau, la feuille, dont la cire est saponifiée, a repris une certaine flaccidité qui permet de la manier facilement et sans danger ; ici, il n'en est pas de même, la feuille iodurée conserve sa rigidité, et on doit prendre beaucoup plus de soin dans les bains pour ne pas produire de cassures qui se traduisent par des raies ou des étoiles noires. La feuille étant retirée du bain alcoolique est transparente, mais on la suspend, et au moment de l'évaporation qui est rapide, sa saponification se manifeste et l'ioduration apparaît par un ton blanc laiteux et translucide, mais moins opaque que par la méthode aqueuse. Le grain est toujours plus fin, sans doute parce que l'ioduration n'a pas le même caractère de groupement. Les images se développent absolument comme par l'autre méthode et viennent pures et sans taches. La pose est un peu plus longue : 15' sans soleil, objectif simple 45° foyer, diaphragme de 1 centimètre.

§ 11.

Temps de pose dans différentes conditions. — Exagération dont il faut se garder. — Rester un peu en dessous plutôt que dépasser le temps nécessaire. — Comment une bonne épreuve se développe.

La feuille a reçu l'impression lumineuse dans de bonnes conditions de lumière d'été ; opérant demi-humide entre deux glaces, développant de suite ou une demi-heure après, on peut obtenir des vues complètes de détails en 1 à 2 minutes, et dans ce cas, on a l'image du ciel. Je parle toujours de l'usage des objectifs simples, car avec l'objectif double, on aurait une rapidité 4 ou 5 fois plus grande.

La feuille négative demi-humide, entre les deux glaces du châssis, avec une ou deux feuilles de buvard épais blanc derrière elle, peut garder une heure cette grande sensibilité. Nul doute qu'on ne puisse poser seulement quelques secondes, mais il faudrait alors un séjour très-long dans le bain d'acide gallique, et malgré ce que de très-éminents auteurs ont écrit, jamais je n'ai pu obtenir une épreuve passable, alors que le temps de développement a été très-considérable. Il en est de même de la prétendue sensibilité de feuilles négatives se conservant six semaines : ce sont des exagérations dont l'expérience des opérateurs fait bien vite justice, mais auxquelles les commençants se laissent prendre, et qui causent beaucoup de découragement dans l'étude de cette méthode. N'exagérons donc point, et disons qu'au bout de trois fois 24 heures, le papier décroît très-rapidement en sensibilité, que la finesse et la beauté de l'épreuve marchent dans le même sens, et qu'au bout de huit jours, il est très-rare que toutes les épreuves ne soient pas tachées, grenues et d'un aspect détestable.

Il en est absolument de même du temps de pose, ne

le dépassez pas, car votre épreuve brûlée et sans vigueur
se fera remarquer de suite au développement par une
teinte rousse générale. Restez plutôt un peu en dessous
d'une juste durée d'exposition, mais le moins possible.
Quand vous verrez une épreuve se développer en lignes
noires bien nettes sur le fond jaune de la feuille, le
bain demeurer limpide et blanc, les noirs devenir opaques et les détails bien accusés, le tout dans l'espace
d'une heure à deux au plus, relevez votre feuille et dites
presque à coup sûr, j'ai une bonne, une très-bonne
épreuve ! Si vous êtes trop en dessous du temps de
pose, les lignes principales se marqueront seules, vous
êtes obligé de recourir à une trop forte dose d'azotate
d'argent dans le bain qui se trouble et devient boueux ;
votre feuille brunit, se ternit sur sa surface, et enfin,
après un travail de plusieurs heures, bien des soins et
pas mal de dépenses, vous arrivez à un mauvais résultat.
Je n'ai jamais pu obtenir une bonne épreuve d'un négatif qui a séjourné vingt-quatre heures dans le bain
gallique. Si cependant le paysage ou l'objet à reproduire présente de grandes oppositions du noir au blanc,
forcez la pose afin que les noirs du négatif devenant
rouges et translucides donnent plus d'harmonie à l'ensemble.

§ 12.

Composition du bain révélateur. — Réflexion sur les eaux de lavage. — Accidents à éviter. — Dosage de l'argent du bain révélateur.

Comment composer ce bain? De la manière la plus simple : filtrer dans une cuvette, de porcelaine autant que possible, assez d'eau de lavage pour que la feuille baigne abondamment, environ un centimètre d'épaisseur, et en même temps mettre à vue d'œil un peu d'acide gallique dans l'entonnoir. En filtrant ainsi on évite certainement les piqûres provenant des cristaux en aiguilles de l'acide gallique qui réduisent l'azotate d'argent du bain, adhèrent en même temps à l'épreuve et y laissent leur trace en noir.

Je m'abstiens, à dessein, de donner un dosage d'acide gallique parce que, moins on en mettra, pourvu que l'image se développe, plus on aura de chances de conserver la limpidité du bain et celle du cliché. En général 1 à 2 grammes par litre suffisent largement ; le second chiffre est presque toujours trop fort et ne sert que dans les cas désespérés sans donner jamais de bonnes épreuves.

Prenez garde que les eaux de lavage qui sont la base du bain aient été abondantes, car il faut une très-petite quantité d'azotate d'argent pour révéler un négatif ; ce que la feuille a emporté du bain d'argent mis dans la quantité d'eau où elle doit être développée est suffisant. Vous devez donc faire à peu près le calcul suivant : pour avoir, dans la cuvette à développement, 1 centimètre de hauteur, il faut, je suppose, 1 litre d'eau de lavage ; si je sensibilise dix feuilles, les trois lavages réunis devront au moins représenter 10 litres. Je me hâte de dire que l'eau de rivière filtrée, pourvu qu'elle ne contienne pas de principes sulfureux, est bonne pour tout cela. On devra préférer l'eau de pluie quand il est possible, mais le précipité plus ou moins abondant qu'on obtient avec la première reste sur le filtre où on la verse et dans lequel l'on jette l'acide gallique. Quoique l'eau de lavage, de fontaine ou de rivière, n'ait point changé de couleur et n'ait donné lieu, en présence de l'azotate que le négatif y a apporté, qu'à une nébulosité blanche, il arrive souvent que quand on introduit l'acide galli-que, même en quantité très-minime, le bain tourne au brun, puis au noir. Il faut alors prendre de l'eau distillée. Celle que vous aviez tout à l'heure contient des particules animales qui la rendent impropre à souffrir la précipitation régulière de l'argent sur l'épreuve. Ce fait est tellement remarquable que vous voyez la réduction s'opérer rapidement à la surface du bain, et une poudre noire (argent réduit) se précipiter sans que l'é-preuve se montre. La feuille demeure blanche, et sa propriété de se laisser développer est quelquefois tellelement émoussée par une ou deux tentatives que l'on fait ainsi à sa surface, qu'elle n'est plus susceptible de donner une image complète et qu'elle reste terne, sans vigueur, comme dédoublée, malgré tous les renforcements connus. Il y a là une action moléculaire évidente, mais inconnue. Le seul moyen, ai-je dit, quand pareil accident se produit, est de retirer rapidement la feuille à développer et de la plonger dans un bain d'eau distillée qui permette à la réaction de marcher régulièrement.

Les eaux sulfureuses font aussi virer le bain gallique au noir vert. Si faute des précautions ci-dessus, l'eau de lavage est trop chargée d'argent, le bain se couvre de moirures d'argent réduit en pellicules extrêmement minces qui, si elles touchent à l'épreuve, y adhèrent d'une manière ineffaçable. Quand ce phénomène se produit, couvrez le bain d'une feuille de buvard flottant que vous retirez pour visiter l'épreuve, et avant de remettre celle-ci au bain, assurez-vous qu'une nouvelle pellicule n'est pas formée, ce qui arrive avec une grande rapidité. Mais comme cet effet n'a lieu, en général, que sur des bains qui virent au jaune ou déjà au brun, on l'évite en plongeant l'épreuve dans de l'eau et renouvelant le bain. Craignez également les gouttes réduites au bout de l'entonnoir, changez le filtre souvent, parce que la réduction d'argent y commence. Ce sont de petits soins qui évitent des accidents irrémédiables.

§ 13.

Méthode de développement de M. l'abbé Despratz.

Nous devons à M. l'abbé Despratz, amateur aussi modeste qu'habile, l'idée d'une méthode de développement par bain en retour qui donne d'excellents résultats. Nous l'avons modifiée ainsi qu'il suit : l'exposition à la lumière étant terminée avant de développer, il indique de plonger la feuille dans l'eau distillée, puis de la mettre quelques minutes au bain d'argent sensibilisateur. Je préfère par expérience, surtout comme les bains restent au logis et n'embarrassent pas en campagne, en faire un second plus faible que le premier en azotate et plus fort en acide acétique ; en voici la formule :

Eau distillée	100 grammes.
Azotate d'argent cristallisé	4 —
Acide acétique cristallisable	8 —

Au sortir de ce bain, la feuille est plongée dans le bain d'eau de lavage, où l'on va verser l'acide gallique comme nous avons dit plus haut.

En employant l'acide pyrogallique au lieu de l'acide gallique, on peut arriver à développer des images prises en des fractions de minutes ; mais il est à craindre d'avoir des taches plus souvent. Voici la méthode qui y obvie le mieux. On opère en mettant dans une cuvette de porcelaine suffisamment de développement ainsi composé :

Eau distillée 100   grammes.
Acide pyrogallique. 0,3   —
Acide acétique cristallisable 5   —

Au sortir du bain d'argent de retour on lave légèrement et également l'épreuve dans une eau distillée que l'on met à part, on place alors la feuille au fond de la cuvette, que l'on soulève de façon que le liquide soit amassé au bas ; puis abaissant brusquement la cuvette, l'acide pyrogallique baigne d'un seul coup la feuillé prédisposée par son humidité à le recevoir. Rarement on obtient par ce moyen une intensité suffisante, mais on ajoute tout ou partie de l'eau de lavage que nous avons mise à part. Si cela ne suffit pas, cette épreuve se laisse très-bien continuer par l'acide gallique à la manière ordinaire.

§ 14.

Réflexions sur le point d'arrêt de l'épreuve négative. — Lavage. —
Fixage. — Séchage. — Recirage.

Le point précis auquel il convient d'arrêter le développement d'une épreuve négative est déterminé par l'expérience. En général, il faut chercher dans un bon négatif de la profondeur, et une relation telle entre les ombres et les clairs extrêmes que ceux-ci ne soient pas métallisés au tirage positif quand celles-là manquent encore de détails : c'est dire qu'il ne faut pas craindre de pousser loin la réduction gallique ; un léger voile, même sur les grands clairs, ne nuit point ; au contraire, il produit cette homogénéité de lumière que je recommande, si l'on cherche à donner à une vue d'après nature l'aspect si séduisant d'un tableau complet. Sacrifier souvent la netteté extrême à l'effet semble une fausse maxime, et n'est que la clef du sentiment qu'on éprouve à l'aspect de presque tous les tableaux des grands maîtres. Pourquoi ne pas les imiter en photographie? D'autres procédés que celui du papier ciré sont impuissants à produire cet effet que je recommande : ils excellent dans les détails, laissons-leur cet emploi, quoique, dans bien des cas, nous puissions lutter de finesse avec eux, et cherchons ce qu'ils ne peuvent pas rendre et ce qui fera de nos œuvres des œuvres d'art dans la vraie acception de ce mot.

Pour compléter le procédé, nous ajoutons que l'épreuve bien développée à son point, est lavée dans plusieurs eaux ; on enlève, du bout du doigt, légèrement et sous une couche d'eau renouvelée et peu épaisse, la réduction d'argent pulvérulent qui s'attache à la surface du papier.

On fixe dans un bain à 10 p. 100 d'hyposulfite sans

craindre que l'épreuve s'efface et jusqu'à ce qu'elle ait acquis toute la transparence dont elle est susceptible; enfin on lave encore, on laisse baigner une heure environ; on sèche entre du papier buvard ou en suspendant, et on revivifie devant un feu vif.

§ 15.

Retouche. — Formule de la couleur à employer.

S'il se trouve de petits trous transparents sur la feuille, il faut les boucher pour qu'ils ne donnent pas de points noirs : de même, si le ciel a besoin d'être contourné, si une branche d'un arbre trop près a marqué sur lui, on la supprimera pour lui laisser sa pureté. Toutes ces corrections se feront au moyen de la composition suivante : broyez sur une glace dépolie, au moyen d'une molette de verre :

Peroxide de fer, ou rouge d'Angleterre, ou chromate de plomb, ou noir d'ivoire : au choix. . 10 parties.
Miel blanc . . . . 2 —
Gomme arabique dissoute à saturation. . . . . . 2 —
Sucre candi. . . . . 1 —

Suivant la consistance du miel, on peut varier un peu les proportions. Cette couleur, au pinceau, prend parfaitement sur le papier ciré : elle est un peu longue à sécher, mais quelques jours d'exposition au soleil ou à la chaleur lui enlèvent la propriété de s'attacher et la rendent fixe.

Pour faire commodément ces retouches, on se sert du petit appareil suivant :

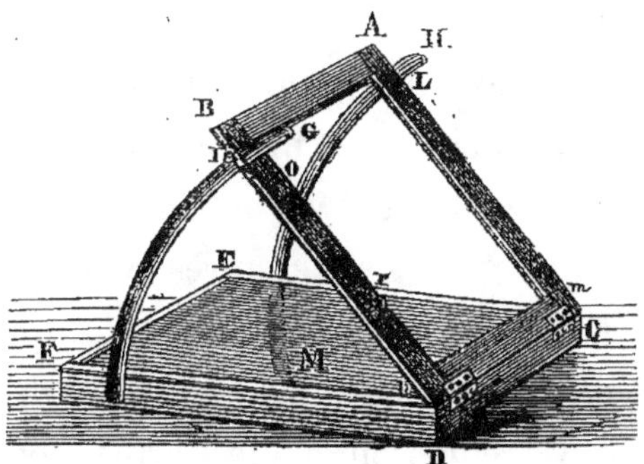

Fig. 2.

Il se compose d'un châssis mobile A B C D garni d'une glace transparente fixée dans des moulures. Ce châssis est mobile, à charnières en C D sur un second châssis C D E F garni en M d'une glace étamée qui y est fixée à demeure. En E et F sont deux crémaillères G et H qui se fixent par des vis I et L dans la position voulue. O et T sont des ressorts qui pincent la feuille de papier pendant le travail, *mn* est un rebord qui retient la feuille négative ou la glace collodionnée ou albuminée sur laquelle on travaille.

Cet instrument se place sur une table, en face d'une fenêtre ; on peut y joindre une loupe à tige articulée, et il servira à faire toutes les corrections utiles.

§ 16.

Dégorgement des épreuves trop venues.

Il est arrivé à tous les opérateurs sur papier ciré d'obtenir des épreuves tellement poussées au noir dans l'acide gallique, qu'elles sont presque ou complétement voilées. Ces voiles résistent à l'action de l'hyposulfite, quelque concentré qu'il soit, et après le cirage, on n'obtient des épreuves de ces négatifs qu'après une exposition très-longue au soleil, impossible à l'ombre ; ou même, quand la réduction a été portée trop loin, on n'obtient que des linéaments d'image. Ces accidents arrivent à des épreuves oubliées dans le bain gallique ou dont une occupation subite a empêché de suivre le développement, ou enfin par excès de réduction du bain lui même.

Immergez dans l'eau ordinaire les négatifs de quelque date qu'ils soient, cirés ou non ; laissez-les quelques heures, afin qu'ils soient imprégnés d'humidité malgré la cire, plongez-les alors dans un bain abondant de :

<pre>
Eau ordinaire. . . . . 100 grammes.
Iodure de potassium   5   —
</pre>

L'action est lente, mais continue ; il faut souvent vingt-quatre heures pour dégorger un négatif, mais on arrête facilement au moment opportun.

Passez quelques instants à l'hyposulfite, lavez et retirez.

§ 17.

Réflexions sur les épreuves photographiques. — Différence entre le peintre et le photographe. — Choix des sujets. — Choix du point de vue. — Son importance.

C'est, en terminant cette étude sur un procédé presque exclusivement destiné à la reproduction de la nature inanimée, le moment de dire quelques mots de la difficulté réelle et incessante que présente la manière de prendre les points de vue. La Photographie, ainsi que nous l'avons vu dans la Ire Partie, est l'art de l'imitation par excellence, c'est le calque de la nature, et la nature nous entoure de modèles; l'essentiel est de choisir et surtout de bien choisir. Combien de recherches, de méditations ne demande pas cet éclectisme si difficile à pratiquer, et par combien de déceptions le photographe ne passe-t-il pas pour saisir enfin cette manière d'envisager les objets qu'il reproduit, manière qui échappe à l'analyse et qui forme de son œuvre *un faire à lui* au lieu d'une copie maladroite. La peinture aussi est un art d'imitation, mais combien de difficultés insurmontables pour nous sont tournées sans peine par elle? Où nous sommes arrêtés, elle enjambe l'obstacle, où nous succombons, elle triomphe! mais est-elle toujours vraie?

Là est le point délicat : et nul n'oserait l'affirmer. Non, elle n'est vraie ni dans ses détails ni dans ses ensembles, et je parle ici dans une acception générale, et tout autant pour l'œuvre des grands maîtres que pour celle des plus modestes dessinateurs. Je prendrai pour exemple un effet que tout photographe paysagiste a dû remarquer et qui est des plus frappants.

Qu'un peintre ait à rendre, d'après nature, un horizon de montagnes ; qu'un photographe à côté de lui, prenne une épreuve du même point de vue, et qu'ils comparent. Voici ce que le dernier remarquera sans aucun doute : le peintre aura outré la hauteur relative de la chaîne de montagnes, et tout étonné, niera presque la vérité mathématique de la reproduction de son voisin. — Pourquoi? parce que lui voyait en dessinant, et avec les yeux du corps et avec les yeux de l'expérience qui lui disait combien cette montagne était haute ; et malgré lui, il dessinait non ce qu'il voyait, mais ce qu'il savait[1] . Je me borne à cet exemple, mais je veux faire sentir en passant que le pinceau laisse de côté le buisson qui masque une échappée de vue, qu'il grandit

---

1 M. le professeur II. Helmholz, dans son travail sur le Télestéréoscope, a constaté le même fait, car il dit :

« Quand j'ai visité de bons modèles en relief de montagnes, j'ai trouvé qu'un voyage dans le pays ne m'avait donné que des notions incomplètes de ces groupes... C'est probablement là la raison qui fait que des représentations de montagnes dont *les hauteurs sont exagérées nous plaisent mieux* que celles qui les représentent sur une échelle plus exacte. Les premières correspondent plus à l'impression qui nous a frappé...»

l'arbre du premier plan qui doit, en découpant le ciel, produire encadrement à son paysage, et qu'il dessinera de souvenir le paysan sur son âne ou la jeune fille venant du marché, tandis qu'il faudra au photographe un hasard heureux ou des peines sans nombre pour assortir un modèle et le faire passer dans le point nécessaire, heureux encore s'il ne s'aperçoit pas qu'il cherche tout bonnement l'impossible.

Imiter n'est pas tout, copier n'est rien, je le répète, l'essentiel est de choisir et de bien choisir. Il faut que notre homme ait cette faculté résultant de l'habitude, qui lui fera deviner un tableau là où les éléments qui doivent le composer semblent dispersés et sans valeur; il faut que son tact, son génie, allais-je dire, lui indique le point, le seul, d'où ces éléments souvent bien simples produiront l'effet qu'il désire. L'effet, voilà leur but; pour y atteindre, il faudra qu'il se rappelle que son instrument, rigide observateur des lois de la perspective, fera petit ce qui est loin, plus gros ce qui est près. Et cependant, que de moyens lui restent pour tirer parti de cette indocilité apparente. Qu'il sache à propos outrer la grandeur des premiers plans pour amoindrir les derniers ou faire fuir les horizons, qu'il repousse les objets les uns par les autres, assortissant de couleurs ceux qui sont loin, contrastant ceux qui sont plus proches.

Et qu'on ne m'aille pas dire que je parle de choses impossibles quand il s'agit des plans immobiles d'un paysage. Croyez-moi, qui cherche bien, trouve toujours des points, un seul peut-être, qui rempliront les conditions que nous exigeons. Mais ce point demande quelquefois une longue et patiente recherche, il faut tourner et retourner, et longtemps. Quelquefois on arrive à se convaincre que la vue projetée est impossible, en ce sens qu'elle ne produira jamais l'effet que l'on en attend, il faut y renoncer. Mais ce cas est si rare, qu'alors en abandonnant l'ensemble, on trouvera toujours une ample moisson dans les détails dont l'abondance a nui.

§ 18.

Exemple de cas impossibles.

Je veux citer un exemple de ces cas impossibles à l'épreuve photographique simple, qui ne peuvent être abordés que par des épreuves stéréoscopiques, et encore qui sont loin de rendre, dans ce cas, l'effet de la réalité. On sait combien est ingrate, pour le photographe, la tâche de rendre les magnifiques panoramas des pays de montagne. Eh bien, cette tâche peut encore s'accomplir quand, autour de lui, la nature offre des premiers plans, arbres, rochers, cabanes, qui peuvent découper le ciel du tableau et briser dans ces horizons un lambeau qui charmera l'œil. Mais posez le photographe sur la croupe d'une montagne nue; devant lui, dix, vingt autres montagnes arides et plus basses qui chevauchent l'une sur l'autre, et au-dessous du tout une plaine immense. Dorez tout cela d'un beau soleil de juin se jouant sur les moissons, se mirant dans le ruban d'argent des rivières et glissant sous les peupliers et les chênes de leurs rives; oh! dites, quel supplice de Tantale? quel désir notre homme a-t-il au cœur d'emporter un souvenir de cette terre enchanteresse, et quel désespoir quand, sur la glace dépolie, ces plans si divers vont se rapprochant les uns des autres; ces rubans d'argent sont si minces qu'ils sont à peine visibles, et toute cette campagne dorée forme une ligne presque imperceptible, où chaque plan, prenant sa valeur véritable de perspective mathématique, perd tout intérêt et toute couleur propre. Oh! il faut avoir senti ce désenchantement, il faut s'être démené dans cette impasse, avoir cherché, couru, toujours braquant son objectif sur cette plaine si belle, savourant cette vue si décevante, et retrouvant toujours dans l'instrument la monotone coupure microscopique qui raye la glace en deux. Je sais bien que des photographes ayant moins de jugement que d'envie de produire, ont bravement fait des épreuves dans de semblables positions, et ont rapporté des vues de montagnes où le ridicule se joint à l'invraisemblance. Ce qui manque dans ces vues de gorges, de vallées, de glaciers sans premiers plans, c'est un terme de comparaison connu qui serve d'unité de mesure pour estimer leur grandeur. Il en résulte que sans cette unité, vous avez l'air d'avoir fait épreuve d'une suite de taupinières sur lesquelles sont accrochées des arbres et des chalets de ménage d'enfants. J'aimerais mieux planter au premier plan une perche de deux mètres et un homme à côté, au moins en indiquant ce qui en serait au bas, on aurait une commune mesure et l'œil percevrait une impression exacte et raisonnable.

Quand nous sommes en présence de ces vues grandioses, il faut remarquer que nos yeux ne sont pas les seuls organes que ce panorama met en mouvement. Notre souvenir, notre intelligence, en un mot, est éveillée, et tout en embrassant l'ensemble, l'expérience que nous avons des détails nous les montre autres qu'ils paraissent et tels qu'ils sont. L'objectif, hélas, ne raisonne point, il voit : et que de fois dans de tels moments, manquant de ce repoussoir si précieux, me suis-je écrié, parodiant Schakspeare : *Ma couronne pour un arbre !*

§ 19.

Conclusion.

Mais si la photographie avec ses procédés si divers, échoue dans des cas semblables, elle se relève et brille quand sur un plus modeste horizon s'élèvent des monuments, des ruines. Elle excelle à rendre la perspective des monuments de nos villes, les allées de la forêt, les sentiers de la bruyère. La mer elle-même lui paye son tribut, et quand elle veut, elle trouve au ciel les effets de nuage les plus saisissants et les enregistre comme modèle que la fantaisie de l'homme s'humiliera à copier.

TROISIÈME PARTIE

DU COLLODION HUMIDE

§ 1er.

Réflexions sur le procédé au collodion humide. — Pourquoi l'opérateur
ne fera pas son fulmicoton. — Diverses espèces.

S'il est un procédé de l'inconstance duquel on se soit
plaint, c'est sans contredit celui du collodion, tant humide que sec ou verni. Et cependant, avec de l'attention
et de la pratique, on arrive assez vite à un ensemble de
formules et de manipulations qui laissent assez peu de
prise à l'imprévu. Je ne dirai pas qu'en suivant les
prescriptions que je vais donner on arrivera sans encom-
bre au but ; cela n'est pas possible ; le commençant fera
des fautes, il les payera immédiatement, parce que les

réactions chimiques ne pardonnent point, elles s'accomplissent en dépit de vous-même. Méfiez-vous donc constamment de ce que vous manipulez et, avant de mettre deux corps en présence, réfléchissez, deux fois plutôt qu'une, ce ne sera jamais du temps de perdu.

Je ne donnerai pas les diverses manières de faire le coton, papier, chanvre, etc., azoté, qui forme la base du collodion photographique : on trouve cela partout et partout répété de la même manière ; une redite est donc inutile. Je ne les donnerai pas, en outre, parce que je pense que sur dix fois, le commençant (surtout s'il ne sait pas un peu de chimie) manquera neuf fois cette opération, cependant fort simple, mais délicate ; et d'un autre côté, parce que l'opérateur de chaque jour ne se donnera pas cette peine, surtout quand, en s'adressant à un bon fabricant de produits chimiques, il trouvera facilement des matières pures et en telle quantité qu'il voudra. Plusieurs auteurs prônent le collodion à base de papier azoté, d'autres à base de chanvre. Sans nier qu'ils aient certains avantages comme ténacité, je trouve qu'ils adhèrent moins bien à la glace, et sont moins solubles dans certains mélanges d'éther alcoolisés. En somme, qu'on prenne la cellulose dans quelque corps qui la contienne suffisamment pure, on aura toujours des résultats analogues, et comme j'ai trouvé à celle du coton des qualités suffisantes, je m'y tiens ordinairement.

§ 2.

Collodion pharmaceutique, dosage et précautions à prendre. — Densité
qu'il doit avoir.

Je dirai donc, procurez-vous du collodion pharmaceutique contenant le moins d'alcool possible, nous
aurons toujours l'occasion d'en introduire assez dans le
collodion photographique. Pour cela, prenez du coton
poudre bien préparé et mettez-le à dissoudre dans ;

Éther sulfurique à 62°. . . . . 100 cent. cubes.
Coton azoté . . . . 3 grammes.

Une partie seulement du coton se dissoudra, cette
quantité peut varier de moitié à deux tiers. Laissez un
jour en présence, en agitant de temps à autre. Ajoutez
alors de l'alcool à 40° peu à peu, et en agitant, tant que
le coton se dissout encore. Il arrivera un point où les
fibres les plus épaisses, et qui n'ont pas été assez azotées
lors de la préparation, ne se dissolvent plus. Laissez
reposer deux ou trois jours et décantez.

Il est bon d'avoir toujours ainsi une provision de
collodion pharmaceutique à déposer, il ne s'altère pas
et se purifie parfaitement par un repos prolongé, des
fibres en suspension.

Ce collodion au pèse-éther marque 55° environ.

§ 3.

Liqueurs sensibilisatrices. — Leur usage. — Dosage des iodures et bromures ou sels générateurs. — Des sels de cadmium. — Liqueur n° 1, maximum de finesse. — Liqueur n° 2, très-rapide. — Liqueur n° 3, effet plus doux, très-harmonieux.

Pour pouvoir composer un collodion photographique qui satisfasse à toutes les conditions qui peuvent se présenter, il faut d'abord préparer différentes liqueurs sensibilisatrices. Ces liqueurs sont composées d'alcool tenant en dissolution des sels alcalins ou métalliques destinés par double décomposition, à fournir les sels d'argent sensibles qui, inclus dans la couche de collodion, y recevront l'impression de la lumière. Comme les sels d'argent sensible seront puisés dans le bain d'azotate d'argent que nous formerons tout à l'heure, nous pouvons dès à présent pressentir que la base ou le métal que nous mettrons dans le collodion photographique se retrouvera dans le bain, et d'autant plus abondamment que par une immersion plus répétée de couches de collodion, la proportion d'argent enlevé ira en augmentant. Nous prévoyons donc déjà combien sera variable la composition du bain d'argent et combien nous aurons de soins à y apporter pour le maintenir en bon état. Il est probable que l'expérience nous indiquera que c'est de ce côté que viennent le plus grand nombre des mécomptes et la majeure partie des accidents.

Toutes les liqueurs sensibilisatrices dont nous allons donner la formule se bonifient à vieillir ; il faut donc en faire une provision d'avance ; nous nous sommes assurés qu'en vieillissant elles acquéraient la propriété d'augmenter la rapidité du collodion photographique qu'elles forment.

Un fait très-remarquable quant au dosage des iodures et bromures, en un mot des sels générateurs, si je puis les appeler ainsi, c'est qu'il influe considérablement sur la qualité de l'image négative. On peut effectivement demander deux qualités au portrait photographique, mais deux qualités qui, poussées à une certaine limite, s'excluent mutuellement ; ou beaucoup de détails, ou beaucoup d'effet ; c'est en sacrifiant une partie raisonnée des premiers qu'on arrive au second. Or, indépendamment d'un éclairage approprié et d'une mise au point convenable, le photographe peut encore s'aider du dosage des sels générateurs pour arriver à l'effet qu'il désire.

Nous avons calculé et expérimenté plusieurs formules que nous donnons ici et qui répondent à ces différents cas demandés.

Je dois déclarer que je ne me sers que des sels du Cadmium, parce que l'essai comparatif m'a fait voir qu'à une rapidité plus que suffisante et égale à celle des autres sels semblables, se joint une fixité de composition que je n'ai trouvée que là. Cette stabilité, en présence des éléments si variables et si instables de la pyroxiline dissoute dans l'éther alcoolisé, est précieuse, puisqu'elle évite les pertes de collodion vieilli et en même temps permet de laisser reposer à volonté le collodion sensibilisé un temps suffisant, sans craindre de le voir s'altérer. Il faut remarquer que ce collodion est plus sensible trois ou quatre jours après sa préparation que le lendemain, ce qui n'arrive pas à ceux à base d'ammonium ou de potassium, qui tendent à se décomposer au moment même où on les prépare.

Je préfère enfin les sels du cadmium, parce que leur structure en rend la parfaite confection plus certaine ; tandis que l'iodure d'ammonium et celui de potassium varient à l'infini, suivant que la porosité de leurs masses a retenu plus ou moins de matière interposée. Les paillettes nacrées de l'iodure de cadmium sont sèches, définies entre elles, et ne retiennent rien.

LIQUEUR N° 1.

Maximum de finesse. — Ombres fouillées. — Négatifs complets. — Rapide.

Iodure de cadmium.	7gr,50
Bromure de cadmium.	1 25
Chlorure de cadmium.	0 25
Alcool à 40°.	100cc.

(Sels générateurs, 9 pour 100.)

6

LIQUEUR N° 2.

Très-fin. — Ombres assez fouillées. — Négatifs moins complets comme harmonie.
— Très-rapide.

Iodure de cadmium	6gr,
Bromure de cadmium	1
Chlorure de cadmium	0 25
Alcool à 40°	100 cc

(Sels générateurs, 7,25 pour 100.)

LIQUEUR N° 3.

Moins de finesse. — Effet général plus mou, mais plus doux. — Un peu moins rapide.
— Épreuves souvent plus artistiques comme ensemble harmonieux.

Iodure de cadmium	5gr,50
Bromure de cadmium	2 50
Chlorure de cadmium	1 »»
Alcool à 40°	100 cc

(Sels générateurs, 9 pour 100.)

Je dois faire observer que suivant la qualité de l'alcool employé, on aura plus ou moins de difficulté à dissoudre le bromure et le chlorure de la formule n° 3. Ces sels, beaucoup moins solubles dans l'alcool que l'iodure, demandent souvent plusieurs jours. Il faudra agiter le flacon de temps en temps, et surtout prendre soin, en faisant la liqueur, de broyer les sels dans l'alcool, au mortier de verre, avec beaucoup de soin.

Toutes ces liqueurs sont calculées pour être employées au même dosage, pour la même quantité de collodion dilué.

§ 4.

Dosage au collodion photographique, — De la quantité d'éther qu'il doit contenir. — Adopter une formule et y persévérer.

Pour préparer le collodion photographique, mesurez à l'éprouvette graduée :

    Collodion épais ou pharmaceutique. . , ... 100cc
    Éther sulfurique à 62°. . . . . » . . 100
    Liqueur sensibilisatrice . . . . 20 à 25

Ce dernier dosage donne pour chacune des formules :

    N° 1. — Sels générateurs, 1,12, soit 0gr,99 pour 100.
    N° 2.   —   0,94, soit 0gr,83 pour 100.
    N° 3.   —   1,12, soit 0gr,99 pour 100.

mais le premier suffit presque toujours ; on commencera donc par l'employer, quitte à compléter s'il ne suffit pas. Il y a des sels générateurs de diverses provenances qui semblent foisonner, c'est le mot, les uns plus que les autres, pour l'ioduration du collodion.

La proportion d'éther ci-dessus peut être considérée comme une moyenne bonne pour les températures modérées comprises entre 12 et 20 degrés de chaleur ; au-dessus on augmentera la dose d'éther, au-dessous on pourra la diminuer, mais ces écarts ne doivent pas dépasser 1/3 de l'éther ajouté, soit 20 cc. Encore doit-on se pénétrer de cette vérité, que dans la majeure partie des cas, il vaudra beaucoup mieux s'en tenir à son dosage ordinaire, quitte à accélérer ou ralentir un peu les mouvements lors de l'extension du collodion et sa prise sur la glace. Si cependant on doit agir sur des surfaces de grande étendue au-dessus de 24, 27ᵉ, il faudra nécessairement doser l'éther suivant la température.

Disons et répétons, pour les commençants surtout, que moins ils changeront de formules, moins ils chercheront, plus tôt ils arriveront. Le malheur est que tous veulent faire du nouveau et trouver mieux que ce qu'on leur donne : ils perdent à cela un temps précieux, se dégoûtent, et attribuent aux difficultés de la photographie une non réussite qui ne tient qu'à leur peu de persévérance. Adoptez une formule, suivez-la, poursuivez-la quand même, et soyez bien persuadé que celui qui vous l'indique ici, en ayant obtenu de bons résultats, vous devez, avec du soin et de la patience, en obtenir de semblables.

§ 5.

Nettoyage des glaces. — Formule. — Éviter les corps durs. — Frotter à la main seule. — Enlèvement des couches de vernis. — Dernier frottage.

Le nettoyage des glaces est une opération importante, car, avant toutes choses, il faut être certain que la surface sur laquelle on opérera ne sera pas une cause d'insuccès. C'est la partie du procédé sur collodion, la plus pénible et qui offre le moins d'intérêt possible. Les glaces, ayant servi ou non, doivent être frottées doucement au moyen d'un chiffon imprégné de

Eau. 100^{cc}.
Cyanure de potassium . . . . 20 grammes.
Carbonate de potasse. . . . . 15 —

et débarrassées en même temps des fragments de collodion qui se détachent, puis plongées dans une première eau,

Évitez surtout la présence des corps durs pour frotter les glaces ; évitez aussi de les froisser les unes sur les autres, parce que leur surface assez tendre se raye facilement et qu'une surface rayée donne une image de la raie au négatif. Les glaces seront frottées soigneusement *à la main seule* dans cette première eau qui devient savonneuse, puis elles seront mises dans une seconde, frottées une seconde fois de même et mises dans une troisième, enfin essuyées avec un linge fin et sans peluches et mises dans leurs boîtes.

Il arrive quelquefois qu'en laissant sécher des glaces demi-lavées ou passées au cyanure les unes sur les autres, elles se marquent des traces blanches indiquant les contours des glaces. Ces traces provenant de la précipitation d'un sel insoluble composé de cyanure et des sels terreux que contient l'eau, et résistant au cyanure, sont décomposées et enlevées immédiatement par l'acide azotique. On emploie le même acide pour attaquer les réductions d'agent métallique qui persistent sur la surface passée au cyanure.

Quand le vernis mis sur l'épreuve résiste aux deux agents ci-dessus, on emploie un moyen mécanique pour s'en débarrasser, en frottant la glace avec un peu de tripoli à plaques délayé dans la benzine et appliqué avec un petit tampon : on passe ensuite à l'alcool, puis au cyanure de potasse et enfin on lave à l'eau comme d'habitude.

Au moment de faire l'épreuve, on fixe la glace sur un porte-glace (fig. 3). Plusieurs formes sont également commodes.

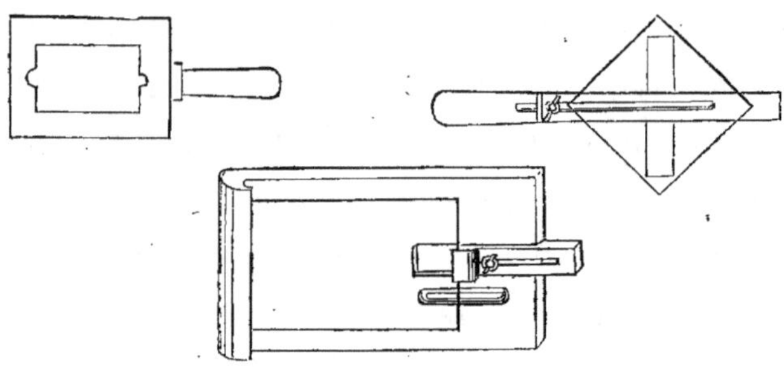

Fig. 3.

On frotte d'un peu d'alcool à 40° contenu dans un flacon dont le bouchon est traversé d'une plume, et on étend avec un linge de coton usé très-sec et très-propre. Alors en halant sur la surface, on prendra garde d'y projetter quelques gouttelettes de salive. Si cet accident arrivait on recommencerait à frotter avec de l'alcool

Je proscris absolument les flacons tenant en suspension du tripoli ou de la craie : il y a bien assez de poussière à craindre sans en augmenter le nombre par celle-ci qui se retrouve partout. Cependant il est utile d'avoir à sa portée un petit flacon contenant un mélange à parties égales d'alcool et d'ammoniaque pour enlever quelques macules grasses qui pourraient se présenter. Dans tous les cas il faut frotter assez longtemps et assez vivement pour volatiliser parfaitement l'alcool et *l'eau qu'il contient.* Terminez par un linge sec. Epoussetez d'un blaireau aussi *bien sec* et collodionnez.

§ 6.

Différents supports à la glace. — Extension du collodion.

La manière la plus simple et la plus commode de supporter la glace pour y étendre le collodion est de la placer sur un linge humide (fig. 4) roulé en tampon

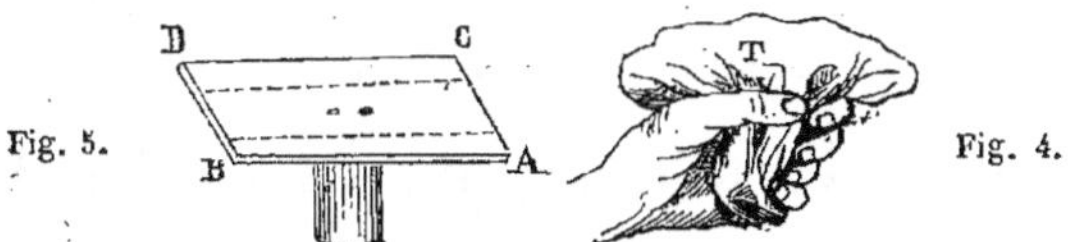

dans la main. On en a plusieurs : un pour collodionner, qui est mouillé d'eau distillée pour ne pas altérer le bain d'argent, et d'autres mouillés d'eau ordinaire par l'acide pyrogallique ou le protosulfate de fer.

On peut encore se servir avec commodité d'une planchette de bois A, B, C, D (fig. 5), assortie de grandeur avec la glace (en général 10 cent. sur 20 suffisent) ; on la recouvre de calicot en deux épaisseurs, reployé ou collé en dessous en A, B, C, D. On mouille largement la surface du calicot et la glace adhère parfaitement.

De cette manière les quatre angles de la glace sont facilement couverts de collodion, l'adhérence de la couche est beaucoup plus complète, et l'on ne craint, ni dans les lavages ni dans le fixage, l'introduction des liquides sous le collodion, et les accidents qui en sont la suite.

§ 7.

Bain d'argent. — Formule. — Manière de plonger la glace au bain.

Bain d'argent. — Le bain d'argent pour négatifs dont nous nous occupons exclusivement ici sera composé de

Eau distillée. . . . . 100 grammes.
Azotate d'argent cristalisé . . . . 10 —

Quand l'azotate sera dissous, on versera dans le flacon, goutte à goutte, de la liqueur sensibilisatrice pareille à celle que contient le collodion dont on doit se servir. Il se produira un précipité abondant de sels d'argent, on agitera et ce précipité jaunâtre se dissoudra : en partie, du moins, car le chlorure d'argent n'étant pas soluble dans la solution d'azotate, il se précipitera seul en blanc. En ajoutant peu à peu des gouttes de liqueur jusqu'à ce que le précipité *jaune* ne se dissolve plus, on saturera le bain de sels sensibles et on sera certain qu'il n'en pourra plus enlever à la couche de collodion, par conséquent que celle-ci conservera toutes les qualités qu'on a cherché à lui faire acquérir.

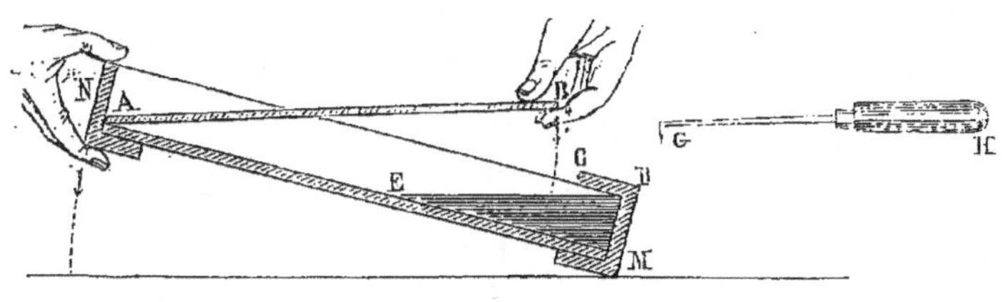

Fig. 6.   Fig. 7.

MN, cuvette verre et bois ;
CD, petit recouvrement permettant l'emploi d'un bain plus abondant;
ED, bain d'argent;
GH, crochet d'argent, manche en bois, pour soulever la glace, s'assurer que la couche est imprégnée de bain et sortir la glace du liquide.

La manière la plus simple de plonger au bain (fig. 6) est de mettre la couche en dessus A B, en penchant la cuvette du côté M, appuyant la glace contre le bord opposé N soulevé, et laissant rapidement retomber la cuvette et la glace. — La nappe liquide couvre d'un seul coup la couche de collodion, et jamais une glace ne peut être manquée que si le bain n'est pas assez abondant.

§ 8.

Explication des phénomènes qui se produisent dans le bain d'argent au contact de la couche de collodion. — Pourquoi la glace ne se mouille plus quand le bain s'épuise. — Manière de retirer la glace. — Rajeunissement du bain.

Laissez au bain jusqu'à ce que la couche soit mouillée par le liquide. A ce moment, voici ce qui a eu lieu :

1° Les iodures, bromures et chlorures de Cadmium contenus par la couche de collodion ont été convertis en iodure, bromure et chlorure d'Argent par échange de base avec l'azotate d'argent du bain.

2° L'azotate d'argent est devenu de l'azotate de cadmium, sel déliquescent et réducteur qui aidera aux opérations suivantes. Cependant il faut remarquer que quand il devient trop abondant dans le bain, les épreuves tournent partiellement au positif par transmission, quelquefois en totalité. Nous essayerons un peu plus loin l'explication de ce phénomène qui paraît tenir à une réunion complexe de circonstances auxquelles l'intensité et la qualité de la lumière ne sont pas étrangères, et qui donne des épreuves auxquelles nous avons appliqué le nom d'amphypositives.

3° La couche de collodion a perdu son éther, dont une très-petite quantité a été absorbée par l'eau du bain, et dont le reste s'est volatilisé. Au bout de quelques jours, le bain étant saturé, tout s'évapore à chaque opération; on aperçoit très-bien ce fait qui se manifeste par un petit bouillonnement du bain à la surface de la glace. Dans le temps où l'on se servait de cuves verticales, ou du crochet pour mettre la glace au bain, la couche en dessous, on s'étonnait de traînées plus claires en long de la glace et qui provenaient précisément des bulles de vapeur d'éther qui remontaient à la surface et le faisaient difficilement, pour deux raisons, d'abord parce que la vapeur d'éther est fort lourde, et en second lieu, parce qu'elle avait plus d'affinité pour la couche éthérée qu'elle suivait que l'eau qui la remplaçait.

4° La couche de collodion a perdu son alcool, qui, en moindre proportion que l'éther à chaque immersion, n'en est pas moins plus dangereux que lui, parce qu'il ne se volatilise pas, mais se dissout en entier, de sorte que le bain s'en imprègne de plus en plus et sans limite. Il est à remarquer que plus le bain est riche en alcool, plus la glace est longue à se mouiller, et cela se comprend, puisque le bain tend à ne plus en absorber. On devra donc laisser d'autant plus longtemps la glace au bain, que celui-ci aura plus servi; et, en même temps, on aura une indication assez juste de la valeur du bain par l'évaluation du temps d'imprégnation.

Retirez la glace au moyen d'un crochet d'argent qui la soulèvera par-dessous (fig. 7). Laissez égoutter quelques instants sur un angle et sur du buvard bien net, et mettez au châssis. Dans les conditions ordinaires de température, une couche de collodion peut attendre au plus 10 minutes sans danger : au delà de ce temps, les réductions et picots sont à craindre ; nous dirons pourquoi à l'étude des accidents. Quand on est obligé de faire attendre plus longtemps, il est prudent, avant de développer, de replonger la glace au bain d'argent 1' à 2' pour faire reprendre aux coins séchés leur état primitif. Égouttez et développez.

Quand le bain d'argent vieillit, il ne faut pas lui faire plus d'une addition de nouveau bain à 15 p. 100, et encore il faut qu'on le renouvelle d'une quantité égale à la moitié de son volume. Quand ce ravivement est lui-même épuisé, mettez le bain aux résidus et faites-en un neuf. Si vous ne regardez pas à l'économie des produits chimiques, faites un bain neuf toutes les fois que le vôtre s'épuise et ne le remaniez pas ; c'est le meilleur moyen que tout aille bien, le plus simple et *le seul sûr*.

La proportion de nitrate dans le bain d'argent varie à chaque instant ainsi que nous venons de le voir, mais on s'aperçoit facilement que l'obtention de belles épreuves dépend d'une certaine proportion entre le nitrate du bain et l'iodure de la couche de collodion. Ces proportions constituent en quelque sorte des équivalents photographiques, qu'il ne faut pas confondre avec les équivalents chimiques, car en satisfaisant rigoureusement par ces derniers à la formation de l'iodure d'argent sensible, on n'obtient pas les premiers et les plus utiles pour ce qui nous concerne.

Avec un excès d'iodure basique dans le collodion, la couche d'iodure d'argent obtenue après immersion dans le bain d'argent, est blanchâtre; elle est d'un jaune franc quand la double décomposition est complétement phothographique; elle tire sur le gris quand les nitrates étrangers sont en excès dans le bain d'argent.

Aussi, quand le bain d'argent vieillit, c'est-à-dire quand le nitrate d'argent est remplacé par une quantité de plus en plus grande de nitrate basique, on voit la couche d'iodure d'argent devenir grise et de moins en moins sensible, les épreuves pâles, et il arrive une limite où l'état moléculaire de la couche sensible change entièrement : au lieu de rester homogène, elle devient friable, semblable à une poussière que l'eau des lavages entraîne. Cet effet commence souvent à être sensible sur les angles de la glace.

Si, au lieu de diminuer le nitrate du bain, on l'augmente par trop, il devient apte à dissoudre l'iodure photographique, et la couche de collodion demeure seule transparente sur la glace, et incapable par conséquent de produire une image.

Par un temps très-chaud, alors que l'évaporation des liquides est très-rapide, il arrive que la couche de nitrate d'argent qui mouille la glace, se concentre assez pour détruire l'iodure d'argent par places en le dissolvant. Il sera donc bon de délayer le bain d'argent sans cependant l'affaiblir au point de produire une couche pulvérulente que rien ne peut reconstituer.

On peut encore laver à l'eau distillée la glace en sortant du bain d'argent, exposer au châssis, puis avant de développer la plonger une minute au bain d'argent pour remettre la couche dans les conditions où l'image doit se produire.

§ 9.

Éclairage du modèle. — Son importance. — La forme semble modifiée par l'éclairage. — Inconvénient de l'éclairage en plein air, ou de celui fourni par une seule ouverture.

Je puis bien enseigner à devenir photographe, mais il m'est impossible d'enseigner à devenir artiste : on l'est, ou on ne l'est pas. C'est un sixième sens, c'est une manière de comprendre le monde extérieur à soi qui ne se démontre pas. Si donc j'aborde ce paragraphe, où je veux traiter de l'éclairage et de la pose du modèle, je le fais pour l'acquit de ma conscience, bien persuadé que je ne puis rien montrer qu'à ceux qui ont cela intuitivement dans l'intelligence, et chez lesquels mes paroles éveilleront ce qu'ils laissaient dormir.

Sans contredit, en photographie plus que dans toutes les autres branches de l'art de reproduire la nature, on peut dire que l'éclairage est tout. A un peintre, je dirai :

la forme avant la couleur, parce qu'il doit se préoccuper de saisir l'une avant de fixer l'autre; mais au photographe, je ne puis parler ainsi. Car, à moins qu'il ne puisse ajuster son modèle dans une position aisée, et ne donnant pas des plans trop distants les uns des autres, à moins qu'il n'ait pas un objectif assez puissant pour ne se pas préoccuper de grandes différences ou de déformations, à moins qu'il ne prenne son point de vue trop en dessus ou trop en dessous de son modèle, il aura la forme. Mais la forme peut être modifiée par l'éclairage, et rien n'est plus facile que de s'en apercevoir, en comparant les portraits d'une même personne, faits dans une chambre ou en plein air, c'est à-dire avec pas assez ou trop de lumière. Ces deux éclairages, aussi défectueux l'un que l'autre, donnent trop de relief à certaines parties, trop d'ombres par conséquent à d'autres, et comme (Ire Partie) la photographie a une palette particulière pour rendre les couleurs, nous sommes quelquefois étonnés de voir une image photographique non ressemblante au modèle qui l'a produite.

L'éclairage en plein air, en donnant une lumière trop forte au front, à l'arête du nez, à la lèvre supérieure, surtout si elle est couverte d'une moustache, fait par cela même paraître l'ovale plus court ou plus carré, et par opposition rend les ombres des orbites, des narines, des lèvres et du cou beaucoup trop accentuées. De là ces aspects de têtes de mort des portraits ainsi exécutés.

Dans une chambre près d'une fenêtre, mêmes effets, mais dans un autre sens. Quelque haute que soit l'ouverture, la lumière frappe de côté et produit, pour la moitié de la figure, ce qu'elle faisait dehors pour les surfaces supérieures, d'où nous obtenons une silhouette noire et blanche. Le seul moyen de s'en tirer, c'est un profil éclairé qui donne souvent de beaux effets, en plaçant l'ouverture un peu en avant du modèle, du côté de l'objectif. Sans cela, il faut faire un trois-quarts perdu qui se trouve éclairé à l'envers, puisque le grand côté est dans l'ombre. On peut encore faire poser en face de la fenêtre, mais il faut un objectif à très-court foyer, parce que la lumière décroît rapidement, et on risque souvent des déformations choquantes et disgracieuses.

§ 10.

Premier système de rideaux à adapter à une galerie vitrée.

Pour faire un beau portrait il faut un éclairage savant et approprié. Cet éclairage ne peut être donné que par un atelier CADQ ouvert au nord DQ et sur le dessus (fig. 8).

Il faut garnir le ciel de verres bleus très-pâles, qui, en été, adoucissent pour les yeux l'éclat de la lumière solaire, et en hiver, ne ralentissent que peu sensiblement l'intensité de la lumière diffuse. Ajustez sous les verres trois rideaux bleus transparents, deux marchant dans le sens de la largeur, côte à côte FLMK et ONPQ, l'autre venant à la rencontre de ceux-ci et très-léger RSTC. Un quatrième plus opaque BGEI marchant en largeur pour abriter la tête du modèle qui pose en X.

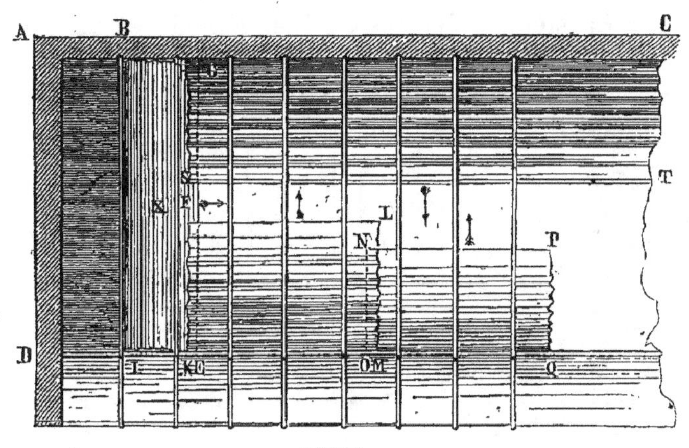

Fig. 8.

ACDQ, galerie vitrée au nord et au-dessus ;
ABDI, partie du toit complètement opaque ;
BGEI, rideau opaque bleu, abritant la tête du modèle placé dessous. Ce rideau peut se déployer jusqu'en LM.
FKLM, rideau bleu demi-opaque, marchant en largeur côte à côte avec NOPQ, qui lui est pareil. Ces deux rideaux se déploient jusqu'au mur AC ; se recouvrent en NO sur LM et en FK sur GE ;
RSTC, rideau bleu très clair de tissu, marchant en travers vers DQ et passant sous tous les autres en RS et FK ;
DQ, partie vitrée, au versant de laquelle glissent des rideaux bleus demi-opaques, en long, de DE vers Q.

7

§ 11.

Deuxième système permettant d'obtenir un éclairage diagonal dans deux directions.

Un de mes élèves, dont l'esprit investigateur s'est manifesté par plusieurs perfectionnements utiles, a inventé un système de rideaux très-ingénieux et qui pro-

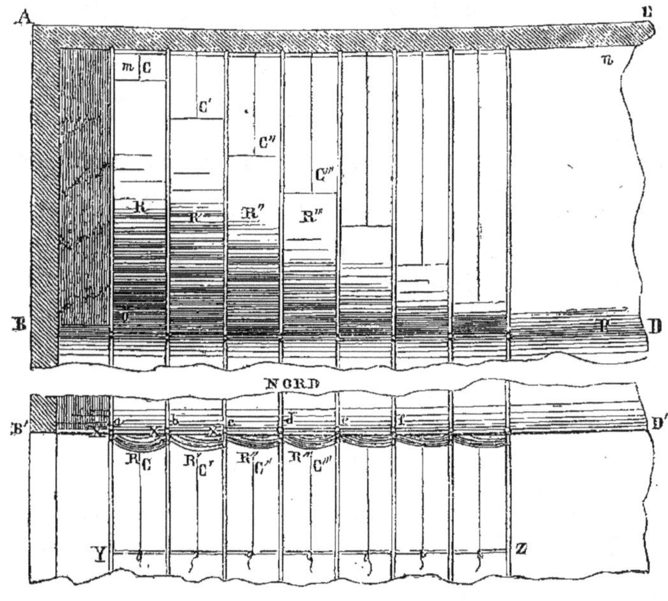

Fig. 9.

ABCD, galerie vitrée; BD, partie au nord;
B'D', coupe du toit de verre;
abcdef, etc., traverses en fer portant les verres;
X, coupe des deux tringles de fer l'une au-dessus de l'autre;
RR'R"R'", rideaux indépendant se recouvrant les uns les autres;
MN, OP, tringles rondes en fer, sur lesquelles passent les cordes CC'C"C'"
qui servent à attirer les rideaux; il en existe de pareilles à l'autre extrémité qui passent sur la tringle OP; dans la position de l'éclairage diagonal
ARR'"p, ces cordes sont attachées chacunes à un arrêt placé le long du côté
de verre BD et à hauteur commode YZ.

duit des effets extraordinaires. Sous chaque traverse a, b, c, d, e, f, en fer du toit de verre de la galerie (fig. 9) B′D′, sont tendus deux fils de fer X au-dessous l'un de l'autre et séparés d'un centimètre et demi. Sur celui de dessous du côté du soleil, et du dessus de la travée d'à côté, glissent de petits anneaux portant un rideau bleu R, R′, R″, R‴, etc., qui, par conséquent, a la largeur du verre. Chacun des rideaux, qui, par la manière dont ils se recouvrent ne laissent point passer le soleil, est indépendant de l'autre et se tire par deux cordes qui passent tout simplement à droite et à gauche de la galerie, sur deux tringles rondes en fer YZ qui règnent d'un bout à l'autre. Pour les faire manœuvrer, supposons-en un tendu à une extrémité OM, on attache en bas une des cordes en YZ, on tire l'autre C, C′, C″ ou C‴, et le rideau se déploie. C'est le seul système qui permette des éclairages diagonaux dans les deux sens AB et BC, puisqu'on peut échelonner les rideaux suivant les deux diagonales du plafond de verre. Les effets produits sont des plus curieux et en même temps des plus utiles.

§ 12.

Troisième système au moyen d'un disque mobile.

Ce système peut être très-avantageusement remplacé par un disque (fig. 10) en étoffe bleue opaque C, tendu

sur un cercle de deux mètres de diamètre et susceptible,
au moyen de trois tringles posées deux et une EF sur
AB et CD, d'une poulie P, de se mouvoir de devant en

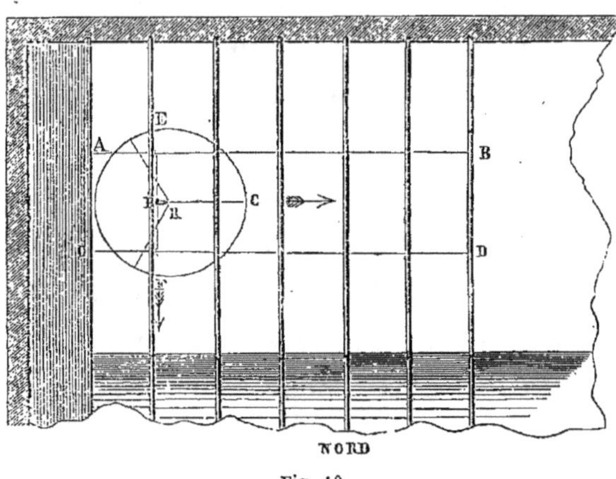

Fig. 10.

arrière, de côté, et de haut en bas, au moyen d'une
troisième petite poulie en R, au point de jonction des
trois attaches.

§ 13.

Se garder d'éclairer trop. — Réflecteur horizontal.

En général on éclaire toujours trop un modèle : il
vaut mieux augmenter le temps de pose et diminuer la
lumière, surtout en été. On gagne ainsi en modelé et en
profondeur dans les ombres. Surtout, ayez soin que le
côté dans la demi-teinte soit assez éclairé pour laisser

deviner ses détails, et, en général, que la lumière frappe plutôt le visage en avant et presque horizontalement, que de trop haut. Tout cela est un effet de relation, de vigueur : tel éclairage ne vous donne que blanc et noir, non pas parce que vous avez trop peu de lumière dans le raccourci, mais parce que vous en avez trop dans le grand côté. Tirez un rideau, l'harmonie se rétablira et le modelé sera complet.

On obtient de très-beaux effets au moyen d'un réflecteur en deux châssis s'ouvrant comme un livre, se plaçant en avant du modèle, et soutenu par un chevalet mobile qu'on y adapte. On éclaire parfaitement de cette manière le dessous des orbites et des narines, mais le portrait manque souvent de vigueur, et j'ai dû y renoncer en beaucoup de cas, parce que la lumière renvoyée aux yeux est tellement vive que beaucoup de modèles ne peuvent la supporter.

§ 14.

Du parti pris. — Pourquoi la photographie vieillit le modèle. — Défaut des portraits au soleil.

Il faut encore distinguer avec soin le genre de portrait que l'on veut faire, et l'éclairage doit varier suivant les uns ou les autres. Sans contredit, le parti pris qui peut plaire à un artiste ne convient pas au public non initié aux difficultés et aux charmes du clair-obscur. Pour la majeure partie des gens qui veulent un portrait, il faut un modelé doux, qui n'exagère pas les reliefs, et par conséquent ne vieillisse pas le sujet, car c'est un des grands reproches faits à la photographie par les gens du monde, les dames surtout. Il n'existe qu'un moyen, sans la retouche, de les contenter, c'est de sacrifier un peu de netteté à l'effet demandé. Comparons : l'âge accuse les traits légèrement flous de la jeunesse en faisant saillir les muscles et les os par l'affaissement des parties molles; si donc l'objectif exagère le relief naturel soit par la dureté de l'image, soit par l'opposition de l'éclairage, le public aura raison de dire: la photographie vieillit le modèle.

C'est par ces causes qu'un portrait fait au soleil ne peut jamais plaire, et rendra toujours la nature grotesque et grimaçante. Grostesque, parce qu'il aura des méplats et des rides que nous ne voyons pas à l'œil nu et à distance de vision ordinaire, et qu'il exagère ainsi les effets; grimaçante, parce que le visage ne peut supporter l'action du soleil sans contrainte, et surtout les yeux ne peuvent la soutenir sans contraction. Ce sont donc des jeux au moins inutiles et qui nuisent plus à la propagation de la photographie parmi le public, qu'ils ne servent à son étude.

§ 15.

Du mouvement dans le portrait. — Chercher une pause tranquille. —
Des formes gracieuses : sacrifier dans les groupes.

Il est connu de tout le monde qu'un portrait doit
avoir du mouvement, c'est-à-dire que la tête et le corps
ne doivent pas être dans le même plan ; si l'un est de

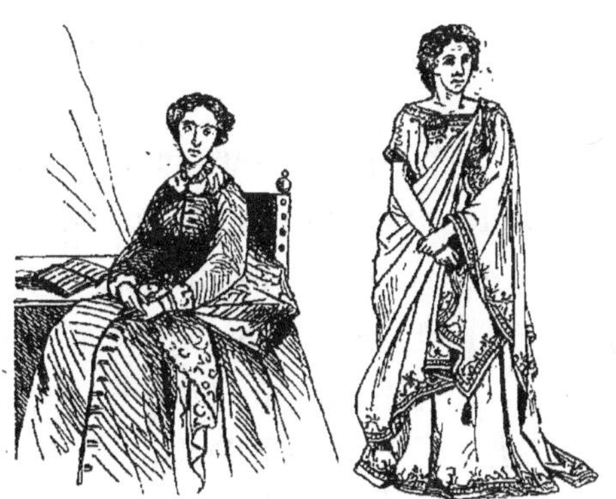

Fig. 11.

profil ou de trois quarts, l'autre sera de face et récipro-
quement. Ce n'est pas cependant que cette règle ne
souffre jamais d'exception ; elle en comporte de nombreuses. D'abord dans les portraits que j'appellerai
familiers, elle peut être inexécutée : mais alors le caractère est donné par l'inclinaison générale du corps ou la
position aisée et non régulière des bras ; en second lieu,

quand la personne qui pose présente beaucoup d'embonpoint et une petite taille, ou encore quand elle est d'un grand âge, car dans ce cas un portrait mouvementé serait un contre-sens. Enfin dans beaucoup d'autres cas trop longs à énumérer : perte d'un bras, décorations nombreuses, certains uniformes, etc.; c'est au goût de l'artiste à décider.

C'est alors qu'il est utile que le photographe sache laisser son modèle libre de ses pensées et de ses mouvements assez de temps, avant d'exiger l'immobilité, pour pouvoir saisir au passage cette attitude favorite qui, à elle seule, constitue la moitié de la ressemblance. Ne cherchez jamais ces poses tourmentées, contournées, qui font ressembler les femmes à des mannequins maladroitement agencés, et, d'un autre côté, ne les posez pas droites et immobiles comme un soldat présentant les armes. La grâce a besoin d'abord d'aisance, et vous ne devez pas oublier que la grâce est chose variable, que chaque type, chaque attitude a sa grâce particulière que vous ne pouvez reproduire avec un autre type, une autre attitude. Il y a là un concours de lignes, un agencement de courbes dont l'œil est agréablement flatté, et que la plus légère différence rendra désagréables, parce que l'harmonie sera détruite. Le pourquoi des formes gracieuses n'est pas encore défini ni découvert, malgré les travaux commencés par Hogarth et continués de nos jours.

Il est à remarquer, surtout dans les groupes, qu'il faut nécessairement sacrifier d'autant plus de mains qu'il y a plus de figures ; sans cela, cette multitude de formes semblables a l'apparence de taches claires, émaillant les vêtements, et le spectateur éprouve beaucoup de peine à les rattacher aux bras et aux têtes auxquels elles appartiennent. Un portrait isolé gagne souvent beaucoup au sacrifice adroitement fait de l'une des mains du modèle.

§ 16.

Des groupes en général. — Deux, trois, quatre personnes. — Combinaisons diverses. — Groupes plus nombreux sortant du domaine de l'artiste au moyen de la photographie.

Que dirai-je, à propos des groupes, la plus grande difficulté artistique que puisse rencontrer un photographe? Comme difficulté photographique, existe déjà celle de faire coïncider les attitudes avec un plan unique ; mais, comme forme artistique!...

Le groupe de deux personnes est le plus facile. Si elles sont à peu près de même taille, placez l'une debout, l'autre assise (fig. 12). Si l'une est beaucoup plus grande que l'autre, mettez la plus grande assise, pourvu cependant que la différence ne soit point telle que les deux têtes soient à la même hauteur (fig. 14) ; dans ce cas,

il faudra mouvementer le groupe, et, comme presque
toujours la plus petite personne est un enfant, mettez

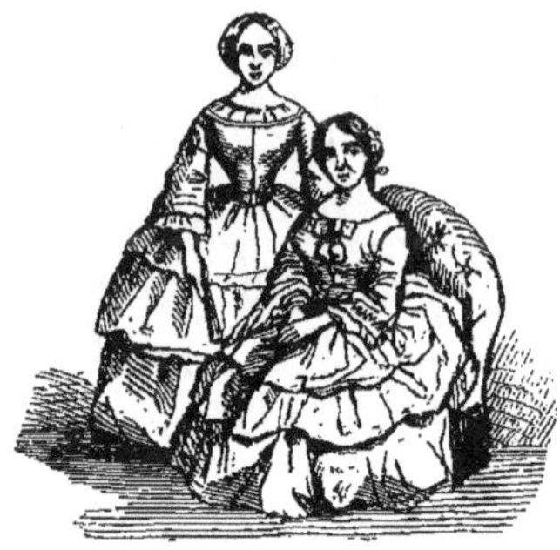

Fig. 12.

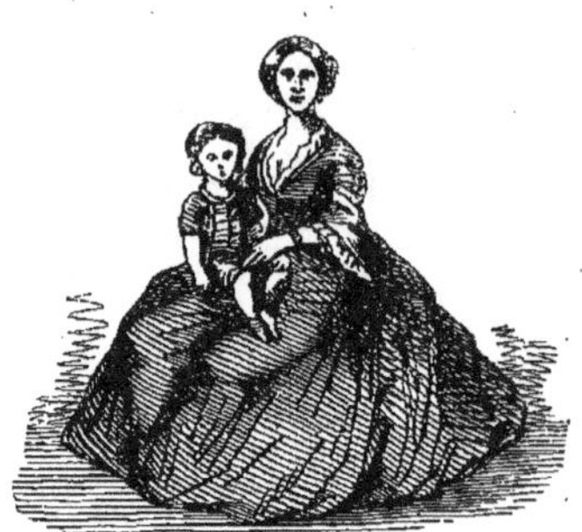

Fig. 13.

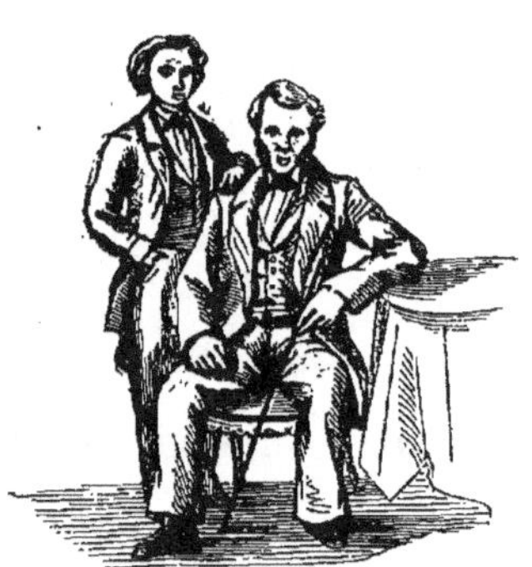

Fig. 14.

celui-ci dans une attitude qui motive celle de la grande
personne et s'y rattache (fig. 13).

Le groupe de trois personnes est le plus beau, quand
il affecte la forme d'un triangle, la base sur le sol (fig. 16).
Il peut être également gracieux dans l'arrangement inverse, la base en haut. Pour ces formes, je considère

toujours comme sommet d'angle le centre de chacun des visages. Mettez trois personnes égales dans l'une ou

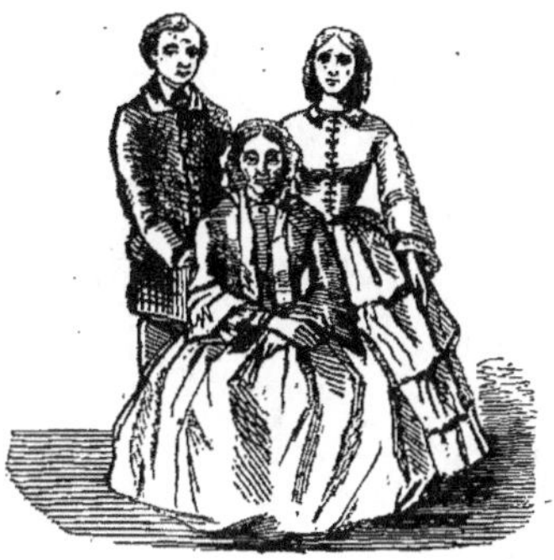

Fig. 15.

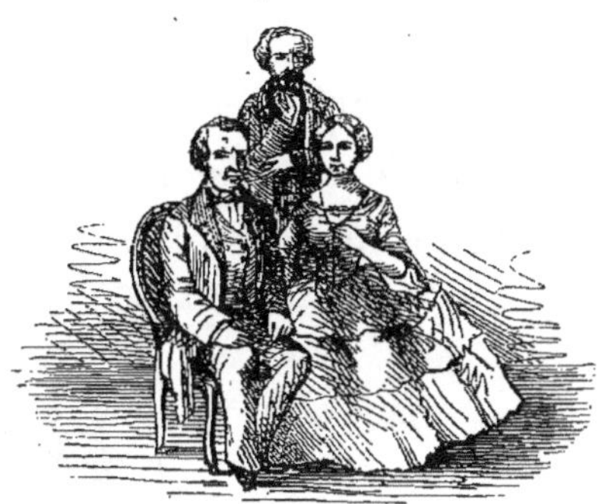

Fig. 16.

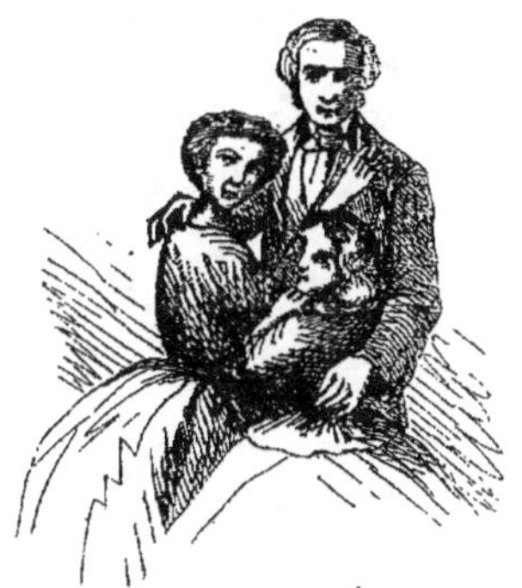

Fig. 17.

l'autre de ces poses ; une plus grande que deux autres, préférablement dans la seconde position (fig. 15) ; l'une plus petite que deux autres, dans la première, à moins que les têtes n'arrivent à la même hauteur ; mais alors, comme il s'agit d'un enfant, rattachez-le à l'une des personnes par un mouvement motivé (fig. 17), sur les genoux, sous un bras, et mettez debout la troisième personne. Je ne puis prétendre indiquer la combinaison que l'âge et le sexe des modèles imposent, le bon goût doit être guide. Dans tous les cas, je ne consigne ici que des idées générales.

Le groupe de quatre personnes (fig. 18) est le plus

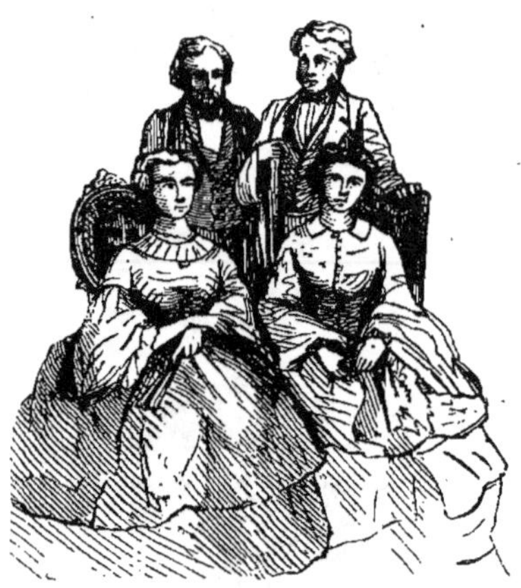

Fig. 18.

ingrat à former, et celui qui réussit le moins bien comme effet artistique. Deux assises, deux debout, si la figure prend l'aspect d'un trapèze et non d'un rectangle. Trois assises, une debout, si deux peuvent se relier par un mouvement motivé.

Je ne parle pas ici des groupes plus nombreux, je les regarde comme une affreuse chose qui ne ressort plus du domaine de l'artiste, mais lui est quelquefois imposée à son grand désespoir. Quel que soit le groupe choisi, une règle doit encore y dominer, c'est que les attitudes doivent être variées pour chaque personnage, grave suivant l'âge, mouvementé suivant le sexe. Mais toujours la direction des yeux doit être variée dans chaque personnage, non qu'il faille les faire regarder chacun d'un côté différent, mais que l'ensemble concourre au même but, et que le spectateur s'aperçoive qu'il assiste à une réunion de famille ou d'amis, où chacun suit son instinct et ce qui l'intéresse, et non à un groupe de personnages effrayés et regardant simultanément un terrible événement qui s'accomplit sous leurs yeux.

§ 17.

Perspective appliquée à la photographie. — De la ligne d'horizon. — Importance de son choix. — Manière de se guider sur la glace dépolie. Aspect d'une sphère suivant le lieu de la ligne d'horizon. — Du point de vue principal.

Nous devons ici toucher un peu à la perspective en général, parce qu'elle a des rapports naturels avec la photographie, son plus fidèle interprète.

Tout le monde sait que la perspective a pour objet de représenter, sur une surface donnée, tableau, dessin, gravure, photographie, l'ensemble et les détails des objets extérieurs que la nature nous offre, dispersés à des distances différentes et inégales de notre œil. Ainsi que nous l'avons fait remarquer à la Ire Partie, la forme et la couleur sont les deux manières par lesquelles le monde extérieur se manifeste à nous; il faudra donc, dans la perspective, nous préoccuper de ces deux aspects qui donnent naissance à deux branches distinctes. La perspective linéaire qui applique les principes simples de la géométrie, et qui, pour la photographie, lui est donnée en partie par l'objectif; en second lieu, la perspective aérienne dont le photographe est beaucoup plus maître, tant à cause du procédé qu'il choisit que de l'éclairage approprié dont il dispose.

Ce second aspect a été traité tout naturellement dans la Ire Partie de cet ouvrage, en comparant les gammes du graveur et celle du photographe. Il me reste à dire quelques mots de la perspective linéaire appliquée au portrait photographique. Le choix de l'angle optique est ici une donnée invariable, puisque son ouverture est fixée par l'objectif; mais le choix de l'horizon rationnel est une donnée variable qui reste à l'opérateur, et qui est d'une grande importance, parce qu'une fois fixé, l'instrument donne le reste; par conséquent, si l'opérateur fixe mal cet horizon, tout est mauvais, s'il le choisit bien, tout est bon.

La ligne d'horizon, presque toujours fictive dans le portrait, doit se trouver à la hauteur de l'œil du dessinateur, et suivant que ce dernier monte ou descend, cette ligne s'élève ou s'abaisse avec lui. L'œil qui dessine pour nous, c'est l'objectif; par conséquent la ligne d'horizon réel ou fictif passera toujours par le centre de cet instrument, et s'élèvera ou s'abaissera suivant le mouvement ou la position que nous lui ferons prendre ; fait sans discernement, le choix de l'horizon rend difforme, désagréable, difficile même à reconnaître au premier

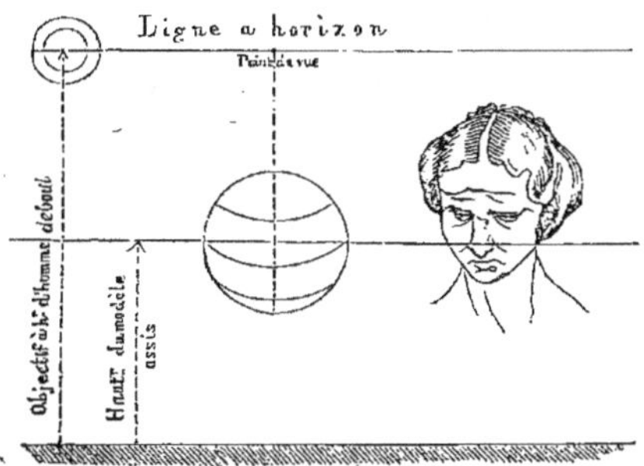

Fig. 19.

coup-d'œil des objets que l'objectif a reproduits cependant avec exactitude et vérité.

D'autre part, le point de vue étant le sommet de l'angle optique qui embrasse un objet, il est naturellement au centre de l'objectif et peut être marqué d'avance sur la glace dépolie, comme point de centre de figure, qu'il suffira de placer avec intelligence sur l'image du modèle, pour chercher et obtenir le meilleur effet possible. La hauteur de l'horizon étant déterminée, le point de vue peut à volonté être placé sur chaque point de son étendue; mais pour nous il sera presque toujours central, afin d'éviter les déformations. Nous aurons alors notre point de vue principal en face du portrait, et comme nous avons dit que ce point est un de ces points de la ligne d'horizon, il s'élèvera et s'abaissera avec elle.

Si le modèle est assis, le peintre debout (ou ce qui revient au même, l'objectif à la hauteur des yeux du peintre debout), l'horizon passant beaucoup au-dessus

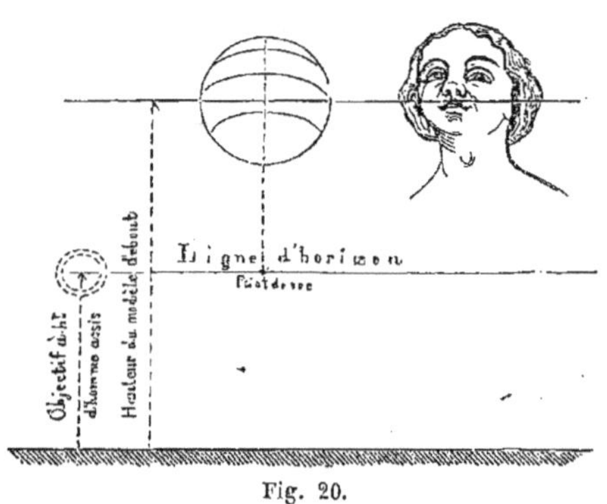

Fig. 20.

de la tête du modèle, les lignes seront déformées et la tête vue en-dessus offrira un ovale trop court et des angles trop saillants. Le même effet se produirait en sens inverse si, le modèle étant debout, le peintre était assis. L'horizon étant à mi-hauteur du sujet, l'ovale et les lignes du visage seraient nécessairement raccourcis et déformés, nous allons étudier comment. Nous voyons seulement dès à présent que la hauteur de l'objectif ou l'œil du photographe doivent être raisonnés. En effet tout le monde sait que la tête humaine est formée de portions sphériques plus ou moins déformées ; par conséquent les règles perspectives applicables à la sphère doivent être présentes à l'esprit du photographe et le guider dans le choix que nous étudions. Il faut qu'il se souvienne d'abord qu'une sphère ne paraît parfaitement ronde qu'autant que le point de vue principal se trouve placé en face de son centre ; placé partout ailleurs la forme de la sphère semblera allongée , comme l'indiquent les deux figures ci-dessus.

Cette remarque nous explique pourquoi nous avons marqué sur la glace dépolie ce point de vue principal et central, et pourquoi nous cherchons les limites entre lesquelles on peut le faire varier en l'appliquant au modèle reproduit par l'objectif sur cette même glace dépolie, ou sur la surface sensible qui la remplacera.

Quand une sphère est plus élevée que l'horizon , les cercles horizontaux qui peuvent être tracés à sa surface, paraissent descendre et on aperçoit le dessous de la sphère. De même quand une tête humaine est placée au dessus de l'horizon, les lignes courbes que l'on ferait passer par les yeux et le sommet de l'oreille, par la partie inférieure du nez et les oreilles, par la bouche, sembleraient descendre et on voit le dessous des orbites, du nez, du menton : voir encore les deux figures ci-dessus.

Si au contraire l'horizon est trop haut, qu'il soit beaucoup au-dessus de la tête, les lignes courbes dont

nous parlons paraissent monter, et l'ovale sera dé-
formé, par conséquent la ressemblance moins complète.

§ 18.

Exemple du choix de la ligne d'horizon dans les portraits célèbres.

Devons-nous toujours faire passer la ligne d'horizon
par les yeux du modèle, je ne le pense pas. C'est ici le
cas d'étudier en quelques mots la manière des grands
portraitistes et des maîtres. Nous verrons, par exemple,
que dans son magnifique portrait de la Joconde, Léonard
de Vinci a placé l'horizon à la hauteur des yeux ; David
a fait de même dans le portrait du pape Pie VII ; Raphaël, le divin, adopta cette disposition dans plusieurs
portraits.

La ligne d'horizon n'a pas été placée plus haut, mais
elle l'a souvent été plus bas ; en voici quelques exemples
faciles à vérifier. Dans Bacchus assis, Léonard de Vinci
l'a fait descendre à la hauteur du nez ; à la ligne de la
bouche dans le portrait de Charles VIII. Philippe de
Champaigne, dans les portraits de Mansard et de Per-
rault, la place à la hauteur du menton.

Van-Dick la met sur la ligne des clavicules, dans les
portraits de Charles Ier, d'Henriette ; et encore Lawrence
adopte cette disposition dans plusieurs portraits remarquables.

Raphaël, Titien, Rubens, Guerchin, ont souvent placé l'horizon à hauteur de la ligne des seins, et généralement cette disposition donne un grand air aux figures, Rigault a quelquefois même exagéré en plaçant son horizon à peine à mi-hauteur de ses portraits en pied.

§ 19.

Application particulière aux portraits photographiques.

Pour le portrait photographique tel que nous le faisons, il reste à expliquer différentes anomalies. En effet, nous recommandons de placer pour un personnage en pied la ligne d'horizon à une hauteur variable, entre la ligne des yeux et celle des seins, et l'épreuve nous donne, en moyenne, la ligne d'horizon aux environs des genoux. C'est que cette ligne n'est pas celle de l'horizon, mais l'intersection du plan de fond avec le parquet. Et comme le fond est indispensable, de quelque couleur qu'il soit, et doit venir en même temps que le portrait, il s'ensuit qu'il forme une ligne d'horizon factice et de convention, placée d'autant plus bas que le modèle est plus près de lui. Nous voyons donc que nous ferons monter cette ligne d'autant plus que nous éloignerons le modèle du fond. Si nous opérions en rase compagne, la ligne remonterait tellement qu'elle se confondrait

avec l'horizon réel et se trouverait couper le modèle à
la hauteur exacte que nous aurions choisie.

§ 20.

Du choix de la ligne d'horizon dans les paysages photographiés. —
Exemple des maîtres.

Le choix de la ligne d'horizon est aussi important
que pour les portraits, dans les paysages et les scènes
de la nature. En général plus on voudra de développement plus l'horizon s'élèvera, ce qui est rationnel, puisqu'alors on est censé monter avec lui et découvrir la
plaine d'un point culminant. Cela n'est que bien rarement favorable à la photographie; en général l'horizon
placé au-dessous de la stature d'homme lui permet des
effets plus gracieux. Un horizon plus borné permet
des effets très-brillants et en même temps laisse aux
plans moins nombreux une plus grande homogénéité
comme impressionnement de la couche sensible.

Les maîtres du paysage, ont en général approprié le
choix de l'horizon à leur genre particulier. Van-Ostade,
Karl-Dujardin, etc., ont rarement dépassé la hauteur
de l'homme et souvent se sont tenus au-dessous, à mi-
hauteur.

Claude le Lorrain, Salvator Rosa, Berghem, Swane-
velt, Rubens, Ruysdaël, Wynantz, Wouwermans, Do-
miniquin, Carrache et autres maîtres à grandes manières,

ont rarement abaissé l'horizon au-dessous de deux statures d'hommes; le vaste développement de leur pensée eût été à l'étroit sans cela, et souvent trois et quatre statures d'hommes leur ont été nécessaires.

§ 21.

De l'appui-tête. — Ce qu'il devrait être.

Que jamais l'approche de l'appui-tête ne se dessine dans la pose générale du modèle; il ne doit pas être senti, encore moins le modèle en doit être gêné. Cette recommandation est encore plus importante quand il s'agit d'un portrait debout. Il est bien rare qu'on puisse obtenir un effet gracieux dans cette position, parce que jamais la pose ne peut être assez mouvementée. D'autre part, les appuis actuellement inventés sont trop incomplets pour répondre aux besoins de ce genre de pose. Il reste encore à trouver un instrument qui, à une rigidité assez grande, joigne, sans une trop grande complication, un nombre suffisant d'articulations pour se dérober à la vue en suivant les contours du modèle. La seule idée qui me semble complète serait un appui à deux branches en bas : articulées en suivant exactement le genou et la hanche; se réunissant alors, par un boulon glissant dans une tige plate à rainure permettant un mouvement vertical. Cette tige porterait un appui pour la tête, un

pour la taille et un pour chaque bras; supports qui ne
s'adapteraient qu'à volonté et pour les poses difficiles
des groupes. Le malheur est que, même sans les supports auxiliaires des bras, cet ensemble fléchit; il faudrait l'appuyer à un mur par un étai à hauteur des
reins, et vous perdez alors complétement la facilité de
varier et les mouvements et les effets de lumière suivant
l'heure du jour.

§ 22.

De la couleur des vêtements du modèle.

La couleur du vêtement est une condition des plus
importantes pour la beauté d'un portrait. Ailleurs nous
avons traité cette question à un point de vue plus élevé
(Ire Partie). Ici nous ne dirons qu'un mot. Tâchez que
la venue complète du vêtement coïncide avec le temps
de pose nécessité par la carnation du modèle. Voilà la
règle la plus commode, mais ce n'est pas celle qui donne
les plus beaux effets artistiques; car un teint éclatant,
par exemple, le paraîtra bien davantage, rehaussé par
un ajustement foncé et à larges plis. Dans ce cas, il faut
abriter le visage et les mains. Je ne pense pas qu'on ait
rien imaginé de meilleur et de plus commode que le
disque de velours noir monté à une manche flexible de
M. Claudet. On amène ainsi les vêtements au degré né-

cessaire pour avoir tous les plis, sans pour cela brûler les chairs. Il faut se souvenir que les vêtements à reflets brillants, même de couleur antiphotogéniques, viennent souvent très-vite, plus vite que des couleurs mates plus photogéniques.

§ 23.

De la couleur de l'atelier.

L'atelier de pose ou galerie sera peint uniformément en bleu-pâle, le fond en gris ardoise peu intense. Cette teinte mixte répond à toutes les exigences. Elle est assez foncée pour un portrait à fond noir, elle donne une auréole assez claire sous le porte-auréole pour faire ressortir le portrait kepseake sur un fond demi-blanc.

§ 24.

Du temps de pose.

Il ne faut pas perdre de vue que la chaleur ralentit au lieu d'accélérer l'impression de la lumière sur les sels d'argent sensible, iodure et bromure. A l'endroit du spectre solaire où la chaleur est la plus intense, l'impression photographique est à peu près nulle. Dans les jours de grandes chaleurs, l'action lumineuse est des

plus lentes et des plus incomplètes ; elle semble à son
maximum pendant les journées d'hiver éclairées d'un
beau soleil, ce qui placerait ce maximum entre $+3°$ et
$+10°$.

Il ne faut pas oublier non plus que le soleil de l'après-
midi émet plus de rayons jaunes que celui du matin, et
que souvent une après-midi où le soleil est voilé de
nuages blancs et lumineux produit une action photographique plus intense qu'un ciel bleu pur et sans
nuages.

<h2 style="text-align:center">§ 25.</h2>

Du développement. — Dosage pour l'acide pyrogallique. — Manière de
le varier. — Du flacon laveur. — De l'addition de l'azotate d'argent.
— Du danger de voiler.

Arrivés au point où nous en sommes, l'opérateur n'a
encore fait que des manipulations préparatoires, nécessaires sans doute, mais non décisives. Le développement constitue à lui seul la partie la plus délicate et la
plus difficile du procédé sur collodion. Sans doute il
est très-simple de prendre la glace et de la couvrir rapidement du liquide développant mis dans un verre à
expérience, mais calculer le dosage précis du liquide
qui convient le mieux, la quantité de nitrate qu'on lui
ajoutera, le moment juste où on arrêtera le développement ou le renforcement, moment d'où dépend la beauté

de l'épreuve, ce ne sont plus là des choses si faciles. Aucune partie du procédé ne demande plus de pratique, plus de sang-froid et plus de réflexion.

Dire que le dosage du liquide développateur varie sans cesse, c'est demander une moyenne qui serve de point de départ ; la voici :

Eau ordinaire. . . . .   150 cent. cubes.
Acide pyrogallique. . . . .   0g,50.
Acide acétique cristallisée. . . . .   6, à 12 c. c.

L'opérateur n'a besoin, pour faire varier à l'infini ce mélange, que de garder une des deux quantités comme constante et de faire varier la seconde. Celle que nous choisissons comme la plus commode à faire varier est l'acide acétique. On fera donc toujours la solution pyrogallique au plus bas titre indiqué d'acide acétique, et on aura auprès de soi, lors du développement de l'épreuve, une fiolé graduée et remplie d'acide pur, dont on ajoutera au moment de répandre sur la glace la quantité que l'expérience aura rendue nécessaire, et qui est toujours très-minime. Dans les cas ordinaires de lumière et de couleur, on n'aura rien à ajouter. Ce qui doit préoccuper n'est pas que l'image vienne vite, mais qu'elle vienne bien ; qu'elle se développe également. A cet égard, il faut un développement relativement lent qui permette aux détails de ne pas se voiler ni se confondre, et que l'on puisse arrêter à temps. Sous ce rapport, notre collodion est très-commode, son adhérence à la glace étant parfaite, il supporte sans dangers des développements et renforcements de plus d'une demi-heure. Nous faisons préparer pour les personnes qui y sont habituées des flacons de collodion que nous ne livrons qu'après les avoir essayés nous-mêmes, et nous pouvons ainsi en garantir la parfaite constitution; comme le mouvement des voyages ne lui cause aucun préjudice, il est éminemment propre à être envoyé et emporté au loin sans aucune précaution.

Nous ferons remarquer que l'eau distillée n'est pas utile pour le développement.

Il faut s'arrêter alors que le liquide qui coule sur la glace contient un précipité nuisible de gallate d'argent

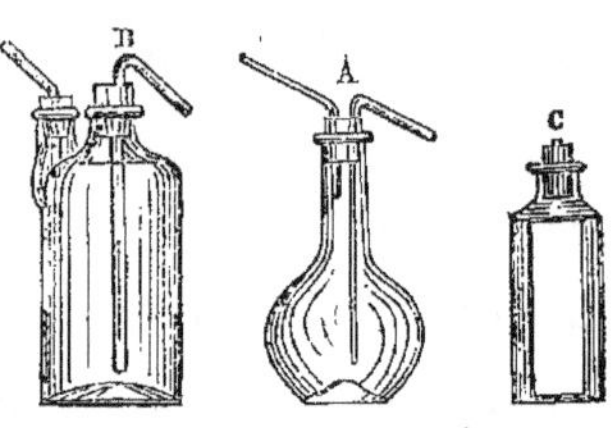

Fig. 21.

en poudre noire. Lavez alors à grande eau, au moyen du flacon laveur A ou B à deux tubulures, que l'on trouve dans tous les cabinets de chimie, et si l'épreuve n'a pas encore acquis la vigueur nécessaire, revenez à une nouvelle dose de liquide additionné de nitrate d'argent. Nous nous servons, pour faire ce mélange facilement et surtout sûrement, d'un flacon C à large ouverture, fermé d'un bouchon traversé par un petit tube de verre. On remplace ce bouchon lorsque le contact du nitrate l'a décomposé. En renversant ce petit flacon et secouant doucement, on obtient un jet de quelques gouttes que l'on peut doser à peu près et que l'on connaît; cet usage permet de se rendre compte de la quantité mêlée par le nombre de fois qu'on agite. Tout ceci est une affaire de tact et d'habitude dans laquelle cependant ces moyens de régularisation et de contrôle sont précieux.

Il arrive quelquefois que, voulant accélérer outre mesure le développement d'une image, on mêle trop de nitrate à la solution pyrogallique : ce n'est pas le moyen d'aller vite : la réduction marche alors dans toute la masse du liquide, et atteint à peine la couche de collodion; la liqueur devient trouble, et l'on y voit rouler des ondes argentées de particules noires et brillantes, alors qu'on en couvre la glace; il faut se hâter de rejeter ce liquide et de laver la couche à grande eau, parce que c'est le moment où se forme un précipité très-abondant et granuleux d'argent réduit qui peut s'attacher assez fortement à l'image pour la rendre impropre à tout usage en la voilant.

§ 26.

Explication proposée du développement de l'image sous l'acide pyrogallique.

Si l'on conserve, au contraire, un excès d'acide pyrogallique, la décomposition marche lentement, l'acide s'unit à l'oxygène de l'air, pour lequel il a une affinité très-grande ; une portion d'acide nitrique est mise en liberté et de l'argent se dépose sur les parties impressionnées par la lumière. Cette explication du phénomène est la plus simple et la plus généralement admise, mais elle n'est pas complétement satisfaisante, parce qu'il est constant que l'image contient des traces de carbone mêlé à l'argent ; par conséquent, il y aurait plus que brûlure de l'acide pyrogallique, il y aurait dépôt d'une partie du carbone qu'il contient. Cette supposition peut être rendue manifeste sans entrer dans des formules compliquées, et nous allons essayer de la rendre accessible à tout le monde. Si nous comparons les formules :

$$\text{Acide pyrogallique} = C^6\,H^3\,O^3$$
$$\text{et Acide gallique} = C^7\,H^3\,O^5 = C^6\,H^3\,O^3 + CO^2,$$

on reconnaît que le premier, venant du second, a perdu d'abord un équivalent d'acide carbonique CO^2 ; mais ensuite, que, dans l'acide pyrogallique, l'oxygène et l'hydrogène représentent précisément 3 équivalents d'eau unis à une masse énorme de carbone C^6. Par conséquent, rien de plus probable que, au contact de l'azotate d'argent qu'on y mêle (AgO, AzO^5), qui contient une masse d'oxygène, l'eau H^3O^3 se recompose; il reste en présence 6 équivalents d'oxygène pour 6 équivalents de carbone; il se forme 3 parties d'acide carbonique, $3(CO^2)$ absorbent $3C$, d'où un dépôt des $3C$ équivalents de carbone demeurés libres.

Nous simplifions encore évidemment les réactions, car nous ne tenons pas compte de la présence de l'acide acétique; ce corps ne semble, au reste, pas prendre part au phénomène, et demeure là comme préservateur ou affecté au ralentissement de la décomposition; même après la précipitation complète de l'argent et la destruction de l'acide pyrogallique, il paraît rester entier et inattaqué dans la liqueur qui conserve son odeur et son acidité caractéristique. Cependant sa composition $(C^4H^3O^3.Ho)$, qui le rapproche de l'acide pyrogallique, permet de penser qu'il n'est pas absolument étranger à l'ordre des phénomènes que nous étudions, phénomènes très-complexes quand on songe à la quantité et à la variété des éléments en présence.

§ 27.

Des acides acétique, tartrique, formique et citrique. — Des dangers de
l'acide acétique pyroligneux. — Dosage.

L'acide acétique a été remplacé avec quelque succès
par d'autres corps, entre autres l'acide tartrique, l'acide
formique et l'acide citrique : le premier, composé de
$C^8H^4O^{10}2HO$, semble rattaché au même groupe de substances, et se décompose assez facilement en présence
des métaux, en eau, acide carbonique et acide formique;
le second, dont la formule est $C^2HO^3.HO$, est un produit
de l'oxydation de l'alcool methylique, de même que
l'acide acétique est un produit de l'oxydation de l'alcool
ordinaire ou vinique, et se rattache évidemment aussi
au même ordre. Quoi qu'il en soit, nous avons conservé
l'usage de l'acide acétique. Quant à l'acide citrique
$(C^{12}H^5O^{11}.5HO)$, ses caractères le rapprochent de l'acide
tartrique, auprès duquel il se groupe tout náturelle-
ment. Nous sommes assurés que, de tous ces corps, celui qui remplit le mieux son but, c'est-à-dire avec le
moins d'inconstance, c'est l'acide acétique pur; aussi
nous l'avons exclusivement adopté. Nous avons rencontré dans le commerce des qualités d'acide acétique de
bois qui étaient aussi bonnes que l'acide concentré et
cristallisable, en tenant compte toutefois de leur richesse
relative en acide; mais nous en avons rencontré d'autres

dont la présence réduisait les glaces en noir. Ce résultat, qui peut être attribué à l'éther méthylacétique et à l'aldéhyde qui y sont souvent mêlés, n'a rien qui doive surprendre. Nous conseillons donc de se servir d'acide cristallisable, ou tout au moins d'acide acétique du Verdet qui ne peut retenir que quelques traces métalliques inoffensives.

Nous n'avons pas besoin de dire que cet acide doit être essayé au moyen d'un poids connu de potasse caustique qu'on lui fait neutraliser. On diminue en même temps l'eau à mettre dans le mélange, de la quantité représentée par le volume surabondant du liquide. Je suppose que l'on ait à mêler 100 d'eau et 10 d'acide acétique cristallisable, si l'on se sert d'acide du Verdet moitié moins riche, on composera son mélange de 90 d'eau et de 20 d'acide du Verdet.

<h2 style="text-align:center">§ 28.</h2>

Développement par le protosulfate de fer. — Production de l'image toute différente. — Posilifs directs. — Formule de deux bains différents pour négatifs.

Nous ne pouvons omettre de dire que quelques opérateurs se servent du protosulfate de fer comme agent réducteur, et nous allons donner quelques dosages qui sont des plus simples et nous ont le mieux réussi dans nos essais comparatifs. L'effet de la réduction par le bain de fer est différent de tout point de ce qui se passe en présence de l'acide pyrogallique ; cet effet est instantané et ne peut être dosé que plus difficilement. Aussitôt que la couche argentifère est en présence du liquide ferré, la réduction a lieu instantanément et dans toute la masse ; si bien qu'une très-faible portion de l'argent est portée sur les endroits impressionnés, et que la majeure partie est précipitée au fond du bain, sous la forme de poudre grise. Ce n'est qu'en renouvelant plusieurs fois la couche d'argent à la surface de l'épreuve et sa réduction par le bain, qu'on arrive à donner à l'image une opacité convenable. Ces faits sont très-précieux pour l'obtention des épreuves positives par réflexion sur collodion, et nous nous en servirons à ce chapitre ; mais pour la production des négatifs, nous regardons ce procédé comme plus chanceux et plus long dans ses manipulations diverses, que l'acide pyrogallique.

On peut composer son bain ainsi :

Eau distillée.	100 grammes.
Protosulfate de fer pur	10 —
Protoazotate de fer	10 —
Acide acétique cristallisable.	10 —
Alcool à 36°.	2 —
Azotate d'argent.	1 —

Ou bien encore :

Eau distillée.	105 grammes.
Protosulfate de fer.	à saturation.
Acide citrique.	5 gram.
Acide sulfurique	5 gouttes.
Azotate d'argent.	1 gram.

L'aspect des épreuves développées au protosulfate de fer est caractéristique au point de vue de la qualité même des images négatives obtenues; généralement le fouillé et le modelé sont très-complets, mais la vigueur manque. On arrive cependant à un résultat très-satisfaisant. en employant la méthode suivante, que nous mîmes surtout en usage dès 1855, pour l'obtention d'épreuves négatives instantanées.

§ 29.

Développement par le protosulfate de fer à faible dose. — Formule et manipulation. — Diminution du temps de pose. — Éclairage approprié.

Prenez : Eau distillée et saturez-la de protosulfate de fer pur; c'est à tort que l'on indique le protosulfate de fer du commerce, sa composition est beaucoup moins certaine : il contient beaucoup de persulfate, qui a une action particulière sur la venue de l'image. Filtrez et conservez bouché.

Prenez : Eau ordinaire mélangée de 20 pour 100 de cette solution, et joignez-y acide acétique du Verdet, 6 pour 100; vous aurez une très-faible solution ferrée acide, qui, projetée vivement à la surface de la couche du collodion, y développera une image légère d'abord. En quelques secondes, la liqueur, qui était d'un beau rouge limpide quand vous l'avez versée, devient, au moment où le développement commence, d'une couleur jaune rouillée et boueuse ; à la surface du liquide roulent des paillettes d'argent métallique, provenant de la réduction de la couche d'azotate d'argent qui mouillait la glace, et qui a fourni les matériaux du premier pas de l'apparition de l'image. Lavez alors ; mélangez dans le verre quatre cinquièmes environ de solution d'azotate d'argent à deux pour 100, et un cinquième de la liqueur de fer à 20 pour 100 faite plus haut, et qui a commencé le développement. Versez à la surface de la glace, vous verrez l'épreuve prendre de la vigueur et arriver au point d'intensité nécessaire. Souvenez-vous, pour vous arrêter au moment précis par un lavage à l'eau, que ces épreuves prennent une grande vigueur en séchant. Fixez comme d'habitude.

Il est incontestable que ce mode d'opérer permet de diminuer le temps de pose de plus de moitié, ce qui est un grand avantage. Il est également certain que sous son influence, la couche de collodion est moins sujette à se couvrir de petites cristallisations noires sur le bord de la glace, donnant des points blancs. D'un autre côté, les différences d'épaisseur dans la couche du collodion (moutons et rides) provenant de la manière dont il a été étendu, apparaissent plus par le sulfate que par l'acide pyrogallique. Enfin, il ne faut pas craindre d'outrer les effets de lumière, ce procédé tendant à donner des épreuves trop égales de tons ; sous ce rapport, l'éclairage diffère essentiellement pour les deux procédés : doux pour l'acide pyrogallique, heurté pour le protosulfate de fer.

§ 30.

Considérations sur la nature de l'épreuve. — Du point où arrêter l'épreuve. — Lavage.

Les épreuves négatives ainsi obtenues sont formées d'une couche blanche légèrement grise ou jaunâtre, contrastant tout à fait avec le développement par l'acide pyrogallique. Je la crois formée absolument d'argent réduit, et cette composition corrobore encore ma théorie de la formation par du carbone de l'épreuve née sous l'action de l'acide pyrogallique. Les épreuves commencées au protosulfate de fer se laissent d'ailleurs parfaitement continuer à l'acide pyrogallique et prennent de suite le ton noir qui dénote le dépôt de carbone. Ce changement d'agent développateur se fait après le premier lavage, et on couvre la glace de la solution pyrogallique mêlée d'argent que nous avons indiquée plus haut. Prenez garde seulement, si vous employez le même verre, qu'il soit bien lavé, autrement vous formeriez de l'encre en mettant l'acide pyrogallique en présence de parcelles ou d'un dépôt de protosulfate de fer.

De tout ce qui précède, et surtout de ce fait que la présence de l'oxygène de l'air favorise et hâte l'apparition de l'image, il faut en déduire que, du moment que la couche de collodion est bien couverte et en quelque sorte imbibée de la liqueur pyrogallique, il ne faut pas se presser de la reverser à sa surface, afin de donner le temps à l'air d'agir; et en effet on observera facilement que c'est à découvert que la réduction marche le plus rapidement. Il ne faudrait pas cependant pousser cette manière d'agir trop loin, parce que la couche mince adhérente est très-vite décomposée, et que s'il s'y attachait des poussières, il pourrait y avoir dépôt, cristallisation et tache définitive. Ce résultat se produit souvent entre des mains inexpérimentées, au bord des glaces de grandes dimensions, où le développement ne vient pas se renouveler assez vite et assez souvent.

Alors que l'image semble arrivée à son maximum d'effet, il faut tenir compte que notre collodion augmente beaucoup d'opacité en séchant, on peut évaluer ce renforcement à un tiers de la valeur totale. On arrête donc le développement en ne versant plus la liqueur révélatrice, et on lave avec soin la surface de la couche au flacon laveur rempli d'eau ordinaire filtrée. Ce lavage doit être abondant et est destiné non-seulement à enlever le dépôt probable de poudre argentine qui couvre la couche, mais encore l'acide acétique qui la baigne et dont l'aspect huileux, sous la nape d'eau qu'on verse, sert à faire reconnaître la présence. On peut laver même

la surface de l'envers, on n'en conservera que plus pur
le bain fixateur d'hyposulfite, ce qui est une condition
de succès.

<h2 style="text-align:center">§ 34.</h2>

Jugement du temps de pose. — Pose trop courte. — Pose trop longue.

De la manière dont se comporte l'épreuve pendant le
développement, on doit conclure si la pose a été juste
ou mal calculée. Souvenons-nous que l'image vient dans
tous les cas faiblement d'abord, surtout avec notre collodion, et que les détails dans les ombres, *le fouillé*, en
un mot, ne se développe que quand le liquide révélateur
se trouble, devient gris, et que c'est à ce moment seulement qu'il convient d'y ajouter une ou deux gouttes de
liqueur argentifère : plus tôt, l'action est inégale ; plus
tard, l'acide pyrogallique est complétement décomposé.
Ne versez pas au même endroit, surtout quand vous
avez ajouté du nitrate d'argent, parce que vous formeriez une tache ronde d'argent réduit. En profitant de
cette propriété, vous pouvez transformer un défaut en
une qualité, en versant avec intelligence le liquide sur
les endroits de l'image qui demandent un renforcement
plus prononcé.

Si la pose a été trop courte il est évident que les
grands clairs seuls auront émis assez de lumière pour

impressionner l'iodure d'argent; on aura donc une image heurtée et incomplète. Si elle demeure telle après deux renforcements, elle se voilera ensuite à cause de la grande quantité d'argent qui se sera réduit à sa surface, et cette épreuve ne sera propre à rien de bon.

Si la pose a été dépassée, on aura des effets divers suivant la nature de la chose reproduite. S'il s'agit d'un portrait ou d'un objet éclairé par une lumière diffuse, la couche superficielle du collodion ne donnera pas l'image; celle-ci se trouvera longue à venir, terne et sans vigueur dans la profondeur même de la couche de collodion. S'il s'agit d'une vue, d'un paysage, l'excès de pose est presque toujours une condition de succès, ou pour parler plus simplement, la pose diffère de celle ordinairement adoptée et doit être suffisante pour que les grandes lumières aient acquis de la transparence. Car il se présente ce fait très-remarquable que la nature du dépôt, sur une partie brûlée, c'est-à-dire où la pose a été plus longue qu'une certaine mesure, n'est pas la même que sur une partie obtenue avec une pose moins longue. Dans le premier cas, la couche est *rouge* et transparente, et dans le second elle a retenu assez de dépôt pour être noire et d'une opacité complète. Il y a donc une pose vraie relative, proportionnelle et à la valeur des tons reproduits et à la propriété du collodion que l'on emploie d'être plus ou moins sensible. Presque toujours une couche qui fournit un paysage harmonieux avec notre collodion, présente une légère teinte feuille-morte en transparence, et par réflexion une couleur verte très-prononcée. Si le cliché est rouge, la pose a été dépassée, et l'on n'a qu'une image plate et sans valeur. Presque toujours, à moins qu'une lumière exceptionnelle et de hasard que l'on ne rencontre pas souvent, toutes les fois que, sur le négatif, le ciel sera d'une opacité absolue, les premiers plans et les ombres manqueront de détails. Cette opacité absolue donnant des ciels blancs n'est pas, au reste, une condition de succès, et nuit plus à l'effet de l'épreuve positive qu'une teinte légèrement translucide du négatif, qui donne un ciel gris lumineux dégradé et harmonieux.

§ 32.

Réflexions sur l'action actinique de la lumière. — Reproduction des nuages.

L'action actinique de la lumière est proportionnelle à l'éloignement de l'objet, ou plutôt à la quantité de lumière interposée entre la couche sensible et lui; peut-être les ondes ont-elles d'autant plus de force actinique qu'elles ont plus d'élan et viennent de plus loin. Quoi qu'il en soit, les ciels viennent d'abord à leur valeur, puis les lointains, et enfin les premiers plans. Avec un peu d'adresse, et quand la nature de l'objet ne s'y oppose pas, on peut, en obturant avec la main l'objectif de bas en haut, obtenir des modifications de tons très-remarquables : avec de la patience et quelques insuccès, cette manœuvre est d'une réussite assez certaine.

Il est extrêmement facile de reproduire les nuages avec notre collodion en démasquant l'objectif double un temps très-court, ou en se servant de l'objectif simple pendant cinq à quinze secondes ; mais on n'a que d'incomplètes épreuves, parce que les objets terrestres se découpent toujours en silhouettes, la pose ne pouvant pas donner leurs détails. Il en est de même des vues de mer, et l'inharmonie des effets obtenus de cette manière en rend la portée artistique très-minime ; aussi ces tours de force qui ne prouvent rien, ont-ils très-peu d'application. Une belle page de paysage artistement éclairée et ornée, si l'on veut, d'un ciel naturel, habilement rapporté et éclairé du même côté, aura toujours beaucoup plus de valeur réelle et d'effet artistique.

<h2 style="text-align:center">§ 33.</h2>

Des positifs directs par transparence, ou épreuves amphipositives. —
Exemple de cette anomalie.

Nous ne devons pas abandonner ce chapitre sans y rattacher nos travaux sur les épreuves amphipositives, dont l'obtention intermittente doit frapper d'étonnement tous ceux qui s'occupent de ces phénomènes remarquables.

Il existe des cas fort singuliers de positifs directs sur collodion par transparence. Déjà plusieurs fois j'avais observé que, sur des glaces voilées en partie, une certaine portion de l'image négative virait en positive par transparence, sans m'être rendu compte du fait. Une dernière épreuve assez remarquable est venue me mettre, je pense, sur la voie, sinon de l'explication exacte du phénomène, au moins d'une hypothèse plausible de sa formation.

Nous avions à faire les portraits de deux petits enfants auxquels une pose, même très-courte, était impossible; nous avons dû éclairer à toute lumière la galerie vitrée, et agir instantanément. Le collodion, au cadmium, très-fluide, donna une fine image sous un développement à l'acide pyrogallique; cette image, trop faible pour former un beau positif, avait besoin d'un renforcement au nitrate; mais au moment où le mélange d'acide pyrogallique et de nitrate couvrait l'image, un précipité d'argent se fit instantanément, et elle vira au positif par transparence, c'est-à-dire que les parties éclairées ou noires du négatif devinrent complétement transparentes.

Or on pense que ces parties sont formées d'argent métallique réduit, précipité par l'acide pyrogallique et retenu par les pores du collodion, argent jouissant de la singulière propriété de s'assimiler les particules de même matière en réduction dans un mélange versé à sa surface. Dans le cas présent, la couche réduite devait être excessivement mince, puisque le collodion était très-liquide et que la pose avait été instantanée. Ne peut-on pas penser que la force réductrice du mélange versé ayant été supérieure à la cohésion de la couche d'argent à la surface du collodion, cette couche a été enlevée dans le mouvement de précipité moléculaire et unie au dépôt noir qui se formait, et qui, empâtant les parties non éclairées ou blanches du négatif, a formé le voile gris général qui donnait à la positive son aspect par transparence ?

De même, quand ce phénomène s'est présenté par places sur des négatifs, cela a toujours été sur des parties voilées par une réduction préalable. Ne peut-on pas admettre encore que l'argent déjà précipité en faible quantité à la surface du collodion, ait été emporté par le mouvement précipitant du liquide réducteur projeté à la surface de l'épreuve ?

Explique qui pourra ce phénomène qui a dû arriver à beaucoup d'opérateurs, et que je n'ai vu relaté nulle part. Je crois qu'il est facile de le reproduire à volonté en se plaçant dans les mêmes conditions, et dans ce cas il y aurait matière à une nouvelle application de ces produits, qui remplaceraient peut-être les positifs trans-

parents que l'on obtient pour stéréoscopes, et qui seraient d'un prix beaucoup moins élevé et d'une plus rapide obtention.

§ 34.

Autre exemple du même fait dans des circonstances différentes.

Depuis les remarques ci-dessus, faites il y a plusieurs
mois, un cas analogue s'est présenté avec une persistance
digne de remarque, mais qui infirme peut-être une partie de notre essai d'explication, ou plutôt qui indique
que les épreuves amphipositives peuvent être produites
par des causes multiples.

En se servant par mégarde d'un vieux bain d'argent
très-chargé d'azotate de potasse, puisqu'il avait longtemps servi à du collodion à base d'iodure de potassium
seul, avec un collodion à base de cadmium, un de mes
élèves a, pendant deux jours, obtenu sans relâche de
semblables épreuves. Dans les premières de cette série,
la partie inférieure de la glace, la tête, était seule positive; dans les dernières, toute l'épreuve le devenait.
En changeant le bain d'argent et se servant du même
collodion ou cadmium, l'effet a disparu. A quoi tient-il
exactement? au lieu d'en chercher la cause dans le bain
avec le liquide réducteur, ne la trouverait-on peut-être
pas dans la composition du collodion que je fais, et où

il entre toujours quelques chlorures? J'appelai donc ces images amphipositives, et je créai à dessein ce néologisme, parce que plusieurs lecteurs de mes premiers travaux sur ce sujet m'ont fait observer que le mot amphitype, que j'avais adopté alors, semblait indiquer deux images, tandis que, dans le genre de phénomènes qui nous occupe, il n'en existe réellement qu'une, qui présente le singulier spectacle d'être positive par la transmission et par la réflexion de la lumière.

Les premières remarques ci-dessus avaient pour but d'attirer et de provoquer l'étude des photographes sur ce sujet, et nous avons vu y répondre un habile et zélé amateur du Hâvre, M. Fortin; personne autre que lui n'a daigné y porter attention, et cependant le sujet en vaut la peine, car c'est un des exemples les plus curieux de disposition moléculaire, je dirai même d'oscillation des molécules autour d'un des axes de leur figure propre. Il est difficile, en effet, comme nous le verrons tout à l'heure, de se rendre compte autrement de ce singulier phénomène.

§ 35.

Recherches à ce sujet faites en Angleterre.

Si nous n'avons pas été plus entendu en France, voici que nos voisins d'Angleterre reprennent ces observations, et, avec leur persévérance habituelle, je ne doute pas qu'ils parviennent bientôt à élucider la question. C'est dans la séance du 5 novembre dernier, sous la présidence de lord Pollock, que la société photographique de Londres a vu cet intéressant débat agité dans son sein. Peut-être comme l'a fait remarquer M. Fortin dans sa réponse à mon premier travail, on peut douter que cette manière d'opérer ait une application immédiate dans la pratique, quoique, d'après mes recherches, le dernier mot ne soit pas dit : mais ne fût-ce que comme chimie expérimentale, l'expérience est assez intéressante pour être étudiée. Quant à nous, nous appelons ici l'aide bienveillante d'un observateur micrographe intelligent et habile, pour lui soumettre des recherches qui, nous n'en doutons pas, amèneront de très-curieuses révélations.

On peut en quelques mots résumer ainsi les travaux des membres de la société de Londres. D'abord M. Jakson « croit pouvoir donner une méthode sûre « pour produire d'un seul coup des positifs par trans- « parence dans la chambre noire, » opération que nous ne regardons pas comme aussi constante qu'il semble l'affirmer. D'après lui, « deux manières d'opérer peuvent « être principalement employées : la première ne diffère « en rien des manipulations ordinaires ; seulement, dès « que l'image apparaît sous le développement pyrogalli- « que, on l'arrête par un lavage complet et on plonge de

« nouveau la glace dans le bain d'argent pendant deux à
« trois minutes. Revenant alors à l'acide pyrogallique,
« les ombres amphipositives par transparence et par ré-
« flexion se révèlent peu à peu, les plus intenses d'a-
« bord, et en même temps les blancs sont devenus trans-
« lucides et ne semblent pas altérés, vus par réflexion. »
Nous ajouterons seulement ici que toujours une auréole
transparente se déclare entre le fond, gris le plus souvent, et les contours des ombres ou habillements plus
foncés et les blancs ou chairs. Reprenons : « la seconde
« méthode consiste à développer les images à la lumière
« diffuse, après que la glace est recouverte de l'agent
« révélateur. »

Cette seconde méthode la plus inconstante de toutes,
ne réussit guère complétement que dans certaines circonstances de lumière encore inétudiée. Il en existe
enfin une troisième que l'auteur anglais ne connaît pas,
ce semble, puisqu'il ne l'indique pas, et qui ne manque
jamais son effet : elle consiste à projeter une très-minime partie de solution d'hyposulfite, quelques gouttes,
une souvent dans l'acide pyrogallique révélateur. Nous
reviendrons à cette expérience.

Après M. Jakson, M. Malone rappelle « qu'il y a plu-
« sieurs années il a obtenu une positive semblable par
« une pose exagérée dans la chambre noire. » Il est probable que cette pose a eu lieu par une journée des
moins éclairées et à une heure avancée du jour, ainsi

que M. Fortin le fait remarquer dans sa lettre ; nous devons regretter que l'habile photographe anglais n'ait pas appuyé sur cette particularité qui, selon nous, a une grande importance dans la production du phénomène.

M. Fenton « a vu souvent les épreuves amphiposi-« tives se produire, mais il n'a jamais eu de résultats « constants ni réguliers ; il a vu aussi, » ce que nous avons constaté nous-même et ce que nous possédons encore, « des épreuves mi-partie négatives et mi-partie « amphipositives, » donnant des positifs par contact qui offrent la même disposition.

M. Schadbodt, qui prend la parole, « pense que le « meilleur-moyen de réussir consiste à exposer assez « longtemps pour que les blancs soient complétement « détruits et que la lumière ne fasse que commencer à « agir sur les noirs. » Cette opinion, soit dit en passant, est complétement erronée, l'expérience concluante de M. Fortin la combat et nos propres observations aussi. Cependant il existe une autre influence que celle de la *quantité* de lumière : il y a, sans contredit, la *qualité* de la lumière. Je souligne ce mot à dessein, parce que, cette année surtout, nous avons été *favorisés* de journées d'une *couleur jaune* si intense, qu'elle a frappé les yeux les moins initiés à ses propriétés et les moins habitués à en considérer l'action.

§ 36.

Troisième exemple d'amphipositives et circonstances qui l'ont produit.
— Réflexions diverses.

Pendant les après-midi de ces journées nous avons reproduit plusieurs cas d'amphipositives qui appuient ce que nous avançons plus haut. Une première épreuve sur collodion est faite. Après quelques secondes de contact avec la solution pyrogallique, elle se développe légèrement et reste stationnaire : vous pouvez, presque à coup sûr, dire que cette épreuve va devenir amphipositive : pour cela ajoutez une seule goutte de solution faible d'azotate d'argent à la solution développante : versez, et immédiatement, comme un voile qui se déploie, vous voyez l'image virer. En un clin d'œil le précipité qui se faisait sur les clairs semble enlevé et porté sur les ombres : les premiers deviennent transparents, les secondes opaques, et cela d'un seul coup, sans hésitation comme obéissant à une affinité électrique. Quelle mystérieuse action a passé là? Nul jusqu'à présent ne le sait. Comme je le disais lors de mes observations de 1856, normalement le précipité d'argent se fait sur les parties frappées de la lumière : Ici nous le voyons se faire sur celles qui en sont préservées, d'autant plus puissant qu'elles ont

moins reçu l'impression lumineuse, et, fait remarquable,
une fois le visage opéré, l'image se laisse développer et
continuer comme un négatif ordinaire.

Cette épreuve faite, nous préparâmes une seconde
glace, même bain, même collodion, même temps de
pose; 10 minutes seulement entre les deux expériences,
et par conséquent une déchéance rapide dans la lumière, puisque nous opérions fin décembre, à 2 heures
et demie du soir : même agent révélateur : l'image vient
en négatif parfait et très-vigoureux? Où est la cause?
M. Fortin demande peu de lumière; il a raison avec la
première expérience, tort avec la seconde. M. Jakson
veut un développement à la lumière diffuse : mon ca-
binet obscur ne contient que de la lumière jaune, tellement affaiblie à l'heure dont il s'agit, qu'elle était presque
insuffisante, et, de plus, elle fut la même pour l'une et
l'autre glace. Remarquons qu'en définitive ma manière
de produire les amphipositives n'est que celle que
M. Jakson donne, puisque je remplace le retour au
bain d'argent par quelques gouttes mêlées à l'acide pyrogallique, quantité qui suffit et au delà à l'effet qu'on
veut et quelquefois que l'on ne voudrait pas produire.
Le développement des épreuves négatives par le protosulfate de fer donne lieu aux mêmes phénomènes; ils
se manifestent également après un temps d'arrêt dans
l'apparition de l'image et au moment où elle est baignée
par le liquide faiblement additionné d'argent. Les cas

les plus inexplicables signalés par moi dès 1856 et depuis par M. Fenton, et dont, je l'ai dit, je possède des exemplaires très-curieux, sont ceux dont une partie seulement des noirs passe à l'amphipositif. Généralement cette partie est la moins éclairée, mais le cas contraire existe aussi, et, dans certaines images, le phénomène agit transversalement et sur une portion régulière de l'épreuve.

D'un autre côté, si nous attribuons, comme je suis tenté de le faire, l'amphipositivisme ordinaire à une action purement physique de la qualité de la lumière agissant sur le groupement des molécules, comment faire concorder le fait du même phénomène produit par la présence de l'hyposulfite de soude dans le développement? Tient-il donc à une action chimique ou à une action physique? Telle est la première question, elle n'est pas du tout résolue. Il faut cependant remarquer que la présence de l'hyposulfite détermine la transformation sur toute la surface de l'image, et jamais partiellement; en dernier lieu, que dans les expériences que je rapporte, faites dans mes ateliers, il est matériellement impossible que le fait chimique de la présence de l'hyposulfite se présente autrement que volontairement, puisque le laboratoire aux hyposulfites est complétement séparé de celui du collodion, et que tous les ustensiles et produits nécessaires à chacun d'eux sont eux-mêmes rigoureusement séparés.

Nous ne pouvons manquer, en terminant, de rappeler que nous avons constaté aussi le même résultat d'hamphipositivisme en 1856, par suite de l'épuisement des bains sensibilisateurs et d'usage de collodion à base différente de celle de ce bain. Quoique nous ne pensions pas aujourd'hui que là soit la cause efficace, nous rappelons cette observation.

§ 37.

Quatrième exemple.

Un nouveau fait par nous consigné peut servir à jeter un peu de clarté sur l'origine de ces phénomènes : une couche de notre collodion sec ayant été impressionnée, fut plongée au bain de retour et retirée sans avoir été suffisamment égouttée. Une quantité assez grande d'azotate d'argent acide restait donc à sa surface. Cette couche fut vivement réduite par le protosulfate employé ; il en résulta des moirures d'argent métallique précipitées en noir sur la couche de collodion. Toutes les parties de l'image comprises sous la réduction furent amphipositives immédiatement, tout le reste de l'image négatif. Nos autres épreuves faites en même temps et développées successivement furent parfaites, sans réduction, parce qu'on égoutta assez, et toutes entièrement négatives. C'est le premier exemple que nous ayons remarqué d'amphipositives produites par le protosulfate de fer.

§ 38.

Hypothèse présentée pour expliquer ces faits.

Maintenant est-il besoin de bâtir des hypothèses? La première période des recherches que je désire doit être purement physique, le microscope le plus puissant y est nécessaire; en effet, il est possible, même probable, que le groupement cristallin de la couche réduite produise seul cette différence de transparence. Supposons, en effet, des particules d'argent en follioles minces analogues, en plus petit, aux lamelles du mica, ou semblables à des prismes plats et allongés; supposons que ces molécules soient d'autant plus dressées sur leurs tranches minces (perpendiculaires au plan de la glace) qu'elles sont précipitées sur une partie moins éclairée, d'autant plus à plat qu'elles sont précipitées sur une partie plus vivement impressionnée, nous aurons l'aspect ordinaire d'une négative, transparente, d'autant plus que les ombres sont plus puissantes; opaques, d'autant plus que les lumières sont plus vives. Si maintenant nous regardons une telle image avec réflexion, la lumière frappant sur ces lamelles diversement inclinées, se reflétera vers notre œil, en nous donnant une image d'autant plus intense, par places, qu'elle se réfléchira mieux. Or, les plus vives lumières étant formées de lamelles à plat et faisant le mieux possible office de miroir, nous verrons là les blancs les plus intenses; et, de même, sur les lamelles perpendiculaires, le moins possible de lumière réfléchie, c'est-à-dire des noirs. On peut supposer que la formation du sel d'argent à la surface du collodion ait lieu tout d'abord en lamelles parallèles entre elles, suivant un certain axe général, et perpendiculaires toutes au plan de la glace, et que ce soit l'action de la lumière formant l'image qui les incline proportionnellement à son intensité. Cette inclinaison serait ensuite rendue sensible par la précipitation due à l'acide pyrogallique; d'où, apparition de l'image formée dans ce cas des surfaces plus ou moins argentées métalliquement par le réducteur. Appliquons ceci et arrivons à présent aux amphipositives. Qu'une cause quelconque, qu'une force inconnue, vienne à déranger cet équilibre basé sur la vigueur de vibration imprimée aux lamelles par la lumière absorbée dans la création de l'image, nous verrons alors un autre ordre de phénomènes se présenter. Si la force qui, dans un certain cas, produit les négatifs, agit dans le sens inverse, nous verrons les noirs se charger de molécules à plat et les blancs de molécules redressées. Dans ce cas, il semble que le positivisme par réflexion devrait être détruit ; il n'en est pas ainsi, peut-être par suite dú croisement des molécules ; mais cependant on doit remarquer que l'image réfléchie présentée par les amphipositives est beaucoup moins vigoureuse que le même aspect fourni par un grand nombre de négatifs, et à plus-forte raison par les positifs directs sur verre. Les amphipositifs sont toujours très-voilés, et gris par réflexion ; leur véritable aspect est à la lumière transmise, où quelques-uns sont réellement fort beaux et aussi nets et vigoureux que les positifs obtenus exprès sur notre collodion sec, et dont l'aspect rivalise avec celui de l'albumine. Depuis quelques mois, les amateurs ont repris ces expériences en France et en Angleterre, mais sans rien consigner de nouveau sur les faits signalés par nous depuis trois ans et que nous avons les premiers décrits. Il est regrettable que même ces opérateurs citent nos expériences et nos méthodes sans daigner dire où ils en ont puisé la première idée.

§ 39.

Des ciels factices dans les paysages.

Il peut être utile à quelques opérateurs de faire un ciel factice en harmonie avec un paysage ; voici un moyen très-simple et qui réussit, pour peu que la main qui l'exécute ait l'habitude de la peinture et soit guidée

par quelqu'un qui en comprend les effets. On prend
une feuille de papier végétal très-transparente, on la
mouille avec soin, ce qui demande quelque habitude,
pour ne pas la froisser et n'y pas marquer des cassures
qui ne s'effacent plus. On a eu soin de vernir son cliché
sur collodion, de laisser bien sécher, et l'on applique
le papier végétal sur le côté collodionné et verni. On
retourne le tout, et on colle légèrement sur le bord de
la glace le papier, que l'on a tenu un peu plus grand
qu'elle; en cet état, on retourne à plat et on laisse sécher. Le papier se tend et permet de tracer soit à l'a-
quarelle, soit à l'estompe des ciels fort harmonieux; il
va sans dire que ce tour de main réussit surtout pour
des ciels translucides et un peu brûlés, et dont on réta-
blit ainsi la lumière avec à propos. N'oubliez pas de quel
côté vient la lumière sur les objets terrestres représentés, et accordez tout pour l'éclairage des nuages de
manière à ne pas produire de contre-sens. L'épreuve ne
perd pas sensiblement en finesse par l'interposition du
papier végétal bien choisi.

On peut encore tendre des papiers semblables sur de
légers châssis en bois plus grands que les glaces et un
peu moins épais qu'elle; on les interpose alors en les
variant à volonté, ce qui change l'effet des épreuves du
même négatif. Mais quoi que l'on fasse, un vrai ciel
bien photographié, et adroitement repéré avec l'épreuve
auquel on le destine, vaudra encore mieux.

§ 40.

Fixage de l'épreuve négative. — De l'hyposulfite de soude. — Soutenir la glace avec un crochet. — Sa confection.

Avant tout, les cuvettes, flacons, linges, etc., servant aux manipulations de l'hyposulfite, doivent être relégués dans un laboratoire à part, ou du moins dans un compartiment distinct et séparé du laboratoire où se font les opérations précédentes. L'agent fixateur le plus ordinaire et le plus commode à employer à cause de son innocuité, c'est l'hyposufite de soude. Il est inutile de donner un dosage, le plus simple 100 pour 100 d'eau ordinaire filtrée est le meilleur.

La capacité de saturation de sel d'argent de la dissolution s'élevant à peu près comme son titre, il n'y a jamais lieu de craindre qu'elle soit trop concentrée.

Pour obtenir un effet constant et être certain que la solution ne laissera ni ne produira aucun voile, il faut l'employer toujours neuve. Dans les conditions dont nous venons de parler, le dépouillement d'un cliché se fait en quelques secondes, la couche laiteuse des sels sensibles disparaît à vue d'œil. Il est bon de verser une quantité de liquide dans une cuvette en gutta, d'y plonger doucement la glace collodion en dessus en la soutenant d'un crochet *ad hoc*, et de se servir de ce bain un petit nombre de fois et seulement tant qu'il est limpide ; sitôt qu'il jaunit et se trouble, mettez-le au baquet de rebut, hors du laboratoire. Vous en retirerez l'argent sous forme de poudre noire en y projetant du persulfure de potassium.

Je recommande de soutenir la glace avec un crochet, parce que le déplacement du bain, qui est un liquide assez dense, produit sur les bords un refoulement qui tend à soulever le collodion, et peut produire des déchirures irrémédiables. Ces crochets se font avec la plus grande facilité, au moyen d'une lanière recourbée de plaque d'argent à daguerréotype, attachée par deux petits rivets à une hampe de pinceau plat ; on donne 5 à 6 centimètres de large à ces lanières, sur autant de longueur, et on les recourbe de 1 centimètre à angle droit.

La quantité d'iodure d'argent que l'hyposulfite de soude peut dissoudre, est assez minime ; il se forme un sel double de soude et d'argent et de l'iodure de sodium. Il peut encore se former un grand nombre d'autres corps, parce qu'il arrive souvent qu'on ne lave qu'imparfaitement l'envers de la glace où a pu passer du développement acide, et qu'en plongeant cette glace à l'hyposulfite, il y a libération de soufre et décomposition. Quelle que soit la cause, il existe une grande différence entre une épreuve dégorgée par un bain pur concentré et neuf, et la même dégorgée par un vieux

bain jaune et chargé de sels complexes. En agissant
successivement sur deux moitiés en long d'une même
glace, on peut en faire facilement l'expérience.

§ 41.

Lavages abondants. — Accidents après un lavage insuffisant. —
Gommage. — Vernis à la benzine.

En sortant la glace de l'hyposulfite, il est de la plus
grande importance de la laver abondamment et longtemps ; on se sert pour cela du flacon laveur, auquel
on met un tube un peu plus large de section. On ne lave
jamais trop, et souvent pas assez ; il faut cependant bien
se pénétrer que la conservation du négatif dépend de
ce soin. S'il reste de l'hyposulfite dans la couche, ou
sous la couche de collodion, alors qu'elle s'est soulevée
(cas où il est très-difficile de l'enlever radicalement, et
où un lavage adroitement dirigé et périlleux est nécessaire) ; s'il reste, dis-je, des traces d'hyposulfite, vous
verrez, au bout de quelques semaines, de petites étoiles
cristallines se former sur les bords du cliché, s'espacer
à peu près régulièrement, et, comme autant de centres
d'attraction, commencer leur œuvre de destruction. La
substance noire, argent ou carbone, on ne sait, disparaît peu à peu autour de chaque étoile, le mal gagne,
se confond ; le sel qui se forme devient efflorescent, et

le cliché s'efface sans retour ; le collodion inattaqué reste transparent. Quand le mal est peu avancé, un lavage prolongé et fait avec beaucoup de précaution peut l'arrêter, car ce sel étant soluble, s'en va. Il faut prendre garde que le collodion ainsi mouillé se dilate inégalement et tende à se déchirer.

Lavez donc avec persévérance pendant qu'il en est temps, et que la couche s'y prête par son humidité et sa fraîcheur ; versez de suite et de la même manière que du collodion, sur la couche légèrement égouttée, une solution filtrée de gomme arabique à 10 pour 100 ; dressez sur un coin et laissez sécher doucement à l'abri de la poussière. La solution de gomme dont nous parlons fermente facilement en été, et se décompose en perdant ses propriétés et se troublant de dépôts organiques ; il ne faut pas en faire pour longtemps, la plus fraîche est la meilleure, et il faut, avant de s'en servir, la filtrer avec soin dans un filtre de papier que l'on humecte avant d'y verser la solution ; dans la nuit tout peut filtrer. Ce préservatif appliqué ainsi m'a fait éviter une foule d'insuccès redoutés de beaucoup d'opérateurs ; les fendillements, les crevasses, les soulèvements sont inconnus par cette méthode. Quand le cliché est sec, on le vernit définitivement, s'il en vaut la peine, en versant à sa surface, et toujours comme du collodion, le mélange suivant :

Vernis blanc n° 1, à tableaux. . . . . 15 grammes.
Benzine Colas . . . . 100 —

On filtre avec soin. Ce vernis à base de mastic est généralement très-fluide dans les conditions ci-dessus et ne doit jamais être employé épais, parce qu'il est à craindre qu'il n'imprègne la couche de collodion et ne la rende laiteuse en se résinifiant.

On dresse sur un angle sur du buvard, et on laisse sécher, ce qui demande au moins 24 heures ; il est même bon, crainte d'accidents, de sécher à l'envers, au-dessus ou devant un feu vif.

§ 42.

Vernis à la gomme-laque et autres.

On peut encore faire dissoudre de la gomme laque ainsi :

Alcool à 36°.	100 grammes.
Essence de lavande.	25 —
Gomme laque choisie et blanche	10 —

Le vernis ainsi fait a presque la même couleur que le premier ; comme il est à base d'alcool, il faut nécessairement sécher le cliché avant de le répandre : et encore cette opération rencontre-t-elle quelquefois de singulières chances d'insuccès ; le vernis, en séchant, devient blanc, laiteux par places, et le cliché est perdu sans ressource : une seconde couche aggrave le mal au lieu d'y remédier. Ce vernis a l'avantage, d'un autre côté, de sécher plus promptement, en quelques heures.

On peut encore dissoudre de l'ambre jaune ou succin dans du chloroforme, ce qui forme le vernis anglais, dont la surface est magnifique, mais dont l'emploi me semble offrir de graves inconvénients pour la santé des opérateurs.

On fait un excellent vernis à négatif en mettant dans un matras en verre, sur un fourneau au bain-marie les substances suivantes :

Alcool à 36°.	100 grammes.
Gomme laque blanche pulvérisée.	4 —
Benjoin choisi.	2 —
Gomme élémi.	2 —
Sandaraque pulvérisée.	2 —
Camphre.	0gr,50.
Térébenthine de Venise.	0gr,50.

On fait bouillir au moins une heure, en remplaçant l'alcool évaporé. On a eu soin d'ajouter 5 à 6 grammes de verre pilé, pour empêcher les résines d'adhérer au vase si on n'emploie pas le bain-marie, si on l'emploie on peut se passer de cette addition.

On laisse reposer 12 heures et on décante la partie claire.

Il faut faire tiédir la glace pour le bien étendre, et le sécher de même à une douce chaleur ; ce vernis est très-dur et très-adhérent. Comme il est très-fluide, il s'étend avec la plus grande facilité. Le meilleur dissolvant pour en débarrasser les glaces est l'alcool ; on a toujours des résidus de lavages à utiliser à cela.

§ 43.

La retouche des négatifs. — Encre appropriée.

Si le négatif offre quelques à-jours, ou quelque objet dont la retouche soit utile : un ciel à contourner, un appui-tête à faire disparaître, on compose l'encre suivante, qui prend parfaitement sur le collodion et sur l'albumine.

Broyez ensemble, sur une plaque de verre dépoli avec une molette un peu chauffée : encre de Chine, gomme arabique pulvérisée, un peu d'eau et quelques gouttes de cire blanche. Nous nous abstenons de donner des proportions, parce qu'elles varient beaucoup avec ce que l'on veut obtenir. Pour un ciel, on mettra plus d'encre de Chine ; pour des retouches demi-opaques, moins. C'est une affaire d'un peu d'habitude. L'essentiel est d'avoir une encre grasse siccative qui presse sur le collodion et l'albumine, qualité que celle-ci réunit.

§ 44.

Transport du collodion sur papier gélatiné.

Le poids énorme des glaces et en même temps leur fragilité, ont fait chercher à les remplacer par une matière plus légère et d'un maniement plus commode. On a donc transformé des clichés en négatifs sur le papier. Cette opération se fait très-simplement, et la réussite en est certaine. Malheureusement, les épreuves sont retournées, et il se produit quelquefois, à la dessication, des fissures ou fendillements irrémédiables et qui tiennent à ce que, au tirage, la chaleur du soleil fait dilater inégalement le papier et la couche de collodion et de gélatine qui y adhère.

```
Sur un bain d'eau distillée . . . . . . . . . . .   100 grammes.
Gélatine blanche ou colle de poisson . . . . .     3     —
```

fondue à une douce chaleur et maintenue tiède, étendez cinq minutes et sans bulles une feuille de papier négatif mince et bien choisi. Relevez sans temps d'arrêt, suspendez à l'abri de la poussière et laissez sécher ; serrez alors dans un carton pour éviter que ces feuilles se roulent sur elles-mêmes, ce qui vous gênerait dans la suite de l'opération. Conservez au sec indéfiniment.

Pour opérer le transport, mettez à tremper dix minutes une de ces feuilles dans une cuvette d'eau froide :

plongez dans une seconde cuvette le négatif sur glace, le collodion en dessus, même verni. Laissez dans l'eau dix à quinze minutes sans remuer la cuvette. Sortez alors la feuille de papier imbibée et étendez-la doucement, le côté gélatiné en dessous, sur l'eau qui recouvre le négatif. Il est suffisant qu'il y ait 1 centimètre d'eau entre le collodion de la glace et le papier. Saisissez alors, en même temps et par le bord le plus près de vous, la glace et le papier ensemble, sortez de l'eau doucement, en retirant vers vous et d'une manière continue ; la feuille s'étendra très-uniformément. Laissez sécher de nouveau. Quand la feuille est bien sèche, tracez avec une pointe à couper un trait à un demi-centimètre de chacun des bords de la glace, et mettez le tout dans une cuvette d'eau. Au bout d'un temps qui varie de 10 minutes à 2 heures, la feuille de papier se soulèvera, emportant avec elle le collodion. Vous la retournerez et la mettrez à sécher entre du buvard bien uni et en presse sous un poids léger. Ces épreuves doivent être conservées entre des cartons bristols, crainte qu'elles ne se roulent, ce qui peut les faire écailler.

On peut également se servir de papier ciré d'avance, ce qui est préférable à le cirer quand il porte la couche de collodion.

§ 45.

Positifs directs sur glace, etc. — Collodion spécial. — Formule. — Bain d'argent. — Exposition. — Développement. — Métallisation et fixage. — Lavage.

Les épreuves positives sur verre plaisent à quelques personnes, et, quoique donnant des résultats très-imparfaits, nous devons indiquer la manière la plus simple de les obtenir avec leur maximum d'éclat. Elles peuvent être utiles pour reproduire des objets ou des personnes auxquelles une pose, quelque rapide qu'elle soit, est impossible. Cependant, même dans ces circonstances, avec de l'adresse et une lumière convenablement vive, on peut saisir au vol un très-bon négatif, qui a au moins l'avantage de se multiplier.

Le collodion dont on se sert doit être beaucoup plus fluide que celui que nous employons pour les négatifs; il contiendra aussi le plus d'éther possible; en même temps il faut une ioduration faible, parce que les épreuves ne doivent être formées qu'à la surface. Nous prendrons donc :

Collodion pharmaceutique normal à 3 pour 100.　100 grammes.
Éther sulfurique. . . . .　150　—
Liqueur sensibilisatrice. . . . .　10　—

Du moment où nous employons une couche fort

mince et très-peu iodurée, il faut que le bain d'argent soit proportionnellement moins riche, mais il est indispensable qu'il soit acide et assez fortement, le bain neutre donnant un voile constant. Il faut :

Eau distillée. . . . . 100 grammes.
Azotate d'argent cristallisé. . . . . 4 —
Liqueur sensibilisatrice. . . . . quelques gouttes.

Le collodion étant peu ioduré, il est indispensable que le bain soit saturé d'iodure avec beaucoup de soin, pour qu'il ne dissolve pas celui des premières couches qu'il sensibilisera.

L'exposition est quatre fois moindre que celle nécessaire pour l'obtention des négatifs.

Le développement se fait très-bien avec l'un ou l'autre des bains de protosulfate indiqué au chapitre des épreuves négatives.

La plus grande difficulté consiste à obtenir des blancs purs métallisés et exempts de nuances jaunes ; ce résultat dépend du temps exact de la pose et de l'ioduration du collodion : si on pose trop, les blancs offrent des détails inutiles en transparence, et ne les laissent plus voir par réflexion ; souvent même l'épreuve est voilée en partie ou en totalité. Si, avec une pose juste, les blancs n'offrent pas les détails qu'ils doivent comporter, c'est que la couche de collodion est trop iodurée ; le remède est facile : il suffit d'y ajouter du collodion pharmaceutique et de l'éther dans les proportions indiquées ci-dessus. Avec une pose par trop courte, on n'a pas de détails dans les ombres.

Si, après un long usage le bain de fer donne des voiles, il faut y ajouter de l'acide acétique, car chaque fois que le bain est en contact avec l'air, il s'en produit une évaporation assez rapide.

Que l'on développe l'image par une solution d'acide pyrogallique ou par une solution de protosulfate de fer, elle a besoin d'être fixée ; pour cet objet, le cyanure de potassium est préférable à l'hyposulfite de soude. Le premier donne des blancs plus blancs que le second. On plonge donc la glace dans du cyanure dissous dans 100 fois son poids d'eau dans la proportion de 25 gr. pour 1000 d'eau distillée. Il est bon de se servir d'une cuvette en gutta ou en verre doublé de papier noir en dessous pour juger parfaitement du moment où l'épreuve est dégorgée, parce que le cyanure exerçant sur la couche de collodion une action éminemment désorganisante, il importe de la soustraire le plus vite possible à son influence.

Lavez à grande eau, gommez, et laissez sécher sur une feuille de papier buvard, la face appuyée contre le mur.

§ 46.

Précautions applicables à tous les négatifs sur glace pour les sécher sans accidents.

En hiver, où les glaces sèchent peu rapidement, il est bon d'y veiller parce que l'humidité se concentre vers le haut, y séjourne quelquefois vingt-quatre heures et forme des cernes qui marquent de traces indélébiles l'épreuve aussi bien négative que positive. Il importe dans ce cas de retourner la glace et de mettre en bas la partie qui était en haut.

La meilleure méthode consiste à laisser égoutter les épreuves une heure et ensuite à achever devant le feu leur dessication. Je rejette la lampe à alcool parce qu'elle porte une trop grande chaleur sur un espace trop limité et peut causer des accidents; quelques charbons dans un fourneau portatif sont beaucoup préférables. On peut encore quand on ne craint pas la poussière, laisser sécher le négatif appuyé contre le mur, la couche de collodion en dessus.

§ 47.

Transports sur toile cirée.

Pour transporter les épreuves sur toile cirée on étend celle-ci d'abord sur une solution d'eau gommée à 20 pour 100, on suspend et on laisse sécher. Quand le cliché est encore humide, on le plonge dans une cuvette d'eau pure; on fait séparément imbiber la toile couverte de gomme; on l'apporte ensuite sur l'eau de la cuvette où est la glace, et on agit absolument comme nous l'avons expliqué pour le transport des négatifs sur papier. Lorsque d'avance on sait que cette opération doit être faite, on peut augmenter dans le collodion la dose de coton-poudre pour lui donner plus de corps, mais on risque de perdre en finesse et en effet ce qu'on gagne en solidité. Avec un peu d'adresse, le premier dosage indiqué se prête à cette manipulation.

§ 48.

Positifs directs sur toile cirée.

On peut encore faire directement et sans transport les positifs sur la toile cirée. Pour cela ou coupe un morceau de la grandeur d'une glace sur laquelle on le fait adhérer en la mouillant très-légèrement d'alcool. On étend le collodion, qui doit être assez épais, directement sur la toile cirée ; on plonge le tout au bain, etc.; on traite enfin les deux comme une glace ordinaire.

L'épreuve étant fixée, lavée et sèche, on la vernit avec le vernis blanc à tableaux mêlé de benzine, dont nous avons donné la formule ; si elle a étant sèche, un aspect laiteux qui indique un collodion trop ioduré, on peut la rendre transparente en la couvrant très-rapidement d'une couche d'éther. Dans ce cas, elle n'a plus besoin d'être vernie, elle est inaltérable au frottement. Cette opération est malheureusement délicate et difficile à réussir et souvent on gâte une épreuve que l'on regrette ensuite.

Beaucoup d'autres substances se prêtent à ces manipu-

lations, certains papiers vernis, la toile, le cuir, etc. ;
mais tout cela ne constitue ni des procédés usuels ni
des résultats artistiques. Ce sont des jeux d'adresse
pour le photographe amateur, mais qui ne sont cependant pas sans utilité, parce qu'il y gagne l'habitude
des tours de mains.

§ 49.

Accidents des épreuves sur collodion.

I. *Voiles sur les négatifs.*

Ils proviennent, surtout quand ils sont partiels, d'un
jour quelconque de la chambre noire, du châssis ou du
laboratoire ; dans ce cas, ils ont souvent un aspect noir
par transparence. Quand ils sont généraux, ils proviennent presque toujours de ce que l'épreuve manquant
de pose pour produire un négatif vigoureux, ou le bain
d'argent étant épuisé, on a dû renforcer à plusieurs re-
prises et augmenter outre mesure la dose d'argent
mêlé à l'agent développateur ; c'est l'abondance de
ce dépôt de couleur gris-cendré qui cause le voile.
Quand le collodion est très-solide, on peut enlever une
partie du voile en frottant légèrement avec un tampon
de coton peu serré ; on argente souvent ainsi la place
que l'on débarrasse ; bien entendu qu'on ne peut faire
ceci que quand la couche est très-sèche et n'a pas été
gommée.

Le voile peut encore être circulaire et occuper le milieu de la glace : celui-ci est irrémédiable ; il vient de ce que le soleil a frappé dans l'objectif même obliquement. On y remédie par l'usage d'un cône en carton noir mat qu'on ajoute en avant de l'objectif, assez long pour que la réverbération se fasse dans son intérieur. Un voile semblable est encore produit par les objectifs simples à frottement dans deux tubes égaux. Quand on sort celui qui porte les lentilles, le second fixe qui lui sert de coulisses et qui n'est pas noirci, se trouve démasqué sur le trajet des rayons lumineux. Ceux-ci se reflètent sur cette surface brillante cylindrique, et viennent produire au centre de la couche un voile circulaire d'un diamètre un tiers environ plus grand que celui du tube qui lui donne naissance.

II. *Voiles sur les positifs directs.*

Ils tiennent presque toujours à un excès d'ioduration.

Ils arrivent aussi par la simple approche d'une lampe ou d'une bougie, ou parce que la lumière du laboratoire n'est pas assez antiphotogénique ni assez diminuée ; surtout dans ce genre d'épreuve où l'on n'agit que sur la surface, on ne saurait s'entourer de trop peu de lumière.

Quand le voile est léger, on y remédie en couvrant

l'épreuve lavée et égouttée d'une solution d'eau iodée à saturation. Au bout de quelques secondes, on jette cette eau, on lave bien, on plonge l'épreuve dans une dissolution à 5 pour 100 de cyanure de potassium, on l'y laisse aussi quelques secondes, on lave : si le voile n'a pas disparu, on recommence; mais il faut se hâter, car l'eau iodée pourrait changer en iodure d'argent non-seulement le voile, mais encore une portion de l'épreuve, qui est si délicate, et cette portion serait enlevée ou rongée lors du passage au cyanure.

III. *Traces et taches noires.*

Généralement ces traces sont sous la couche du collodion et adhèrent à la glace. Elles viennent du linge impur avec lequel elle a été essuyée, du blaireau humide avec lequel on a chassé la poussière avant de couler le collodion, d'une bulle de salive, d'un doigt humide, etc. : elles sont irrémédiables.

Nous avons été longtemps désolé par des taches noires d'une très-grande intensité se développant sous le collodion : elles ont cessé le jour où je fis enfermer à part la tablette où l'on pesait l'acide pyrogallique. Les taches provenaient de parcelles très-légères volant sur la case des linges propres à essuyer une dernière fois la glace avant d'y étendre le collodion. Je consigne ici ce fait comme un renseignement.

IV. *Réductions moirées.*

Ces taches toutes superficielles, mais très-adhérentes, proviennent de deux causes. Quand le bain d'argent n'est pas filtré ou a séjourné longtemps dans la cuvette soumise à une influence réductrice, la pellicule d'argent

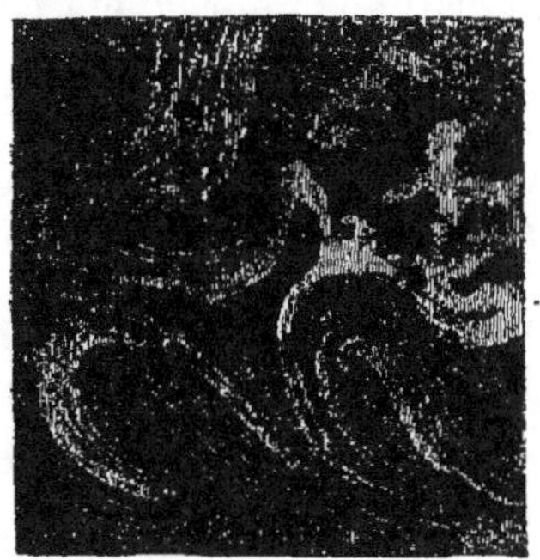

Fig. 22.

métallique qui se forme à sa surface est déchirée et emportée par lambeaux par la glace en sortant, et lors de l'apparition de l'image, on a une réduction moirée noire.

La seconde forme de ces taches provient de la réduction qui se fait lors du développement : les moirures sont alors versées sur la couche ; elles y sont à l'état métallique et tout aussi pernicieuses à cause de leur opacité.

On enlève quelquefois les unes et les autres pendant que le collodion est humide, en le couvrant d'une

couche d'eau de 1 à 2 millimètres, et passant légèrement sur la moirure un pinceau très-doux. En agissant
avec patience, on réussit souvent.

V. *Piquetage blanc.*

Ce sont des à-jours complets, ou de petites places
transparentes qui criblent l'épreuve à certains endroits,
souvent aux angles et en haut de l'image, quelquefois
sur toute la glace. Il est assez difficile d'en découvrir la
cause exacte. Ils paraissent naître sous des influences
multiples. Lorsque la couche humide attend longtemps
avant le développement de l'image, l'azotate d'argent
se rassemble vers les angles et au bas de la glace, l'é-
vaporation de l'eau le concentre, il dissout alors l'iodure d'argent formant la couche sensible et forme un
sel double non réductible ou plutôt soluble qui, enlevé
par la projection du développement, laisse une petite
place nue et par suite donne naissance à ces petites
taches blanches translucides. Quant aux à-jours complets, on ne peut les attribuer qu'à la présence dans le
collodion d'un corps (eau? sel quelconque?) qui, soluble
dans l'eau, demeure dans le bain d'argent après que le
collodion a fait prise et y forme un à-jour dans sa
texture.

Ces deux accidents trouvent un remède facile, mais
quelquefois long, dans une légère retouche qui consiste

à boucher ces petites places sur le négatif avec un pinceau fin trempé d'encre de Chine épaisse. On se sert de l'instrument décrit au § 14, du papier ciré.

Dans certains cas, quand la liqueur sensibilisatrice n'est pas bien filtrée, et que le collodion qu'elle a servi à faire n'est pas assez reposé, et surtout n'a pas été convenablement secoué et mélangé, on obtient une épreuve complétement couverte de piquetages blancs transparents; le remède s'indique de lui-même. Dans ce cas, ce sont des cristaux de brômures peu solubles dans l'éther et l'alcool, mais très-solubles dans l'eau. Entraînés dans la couche de collodion et répandus sur la glace, ils sont dissous immédiatement par l'eau du bain, et forment des à-jours.

VI. *Piquetage noir.*

Le plus fréquent des accidents du collodion humide; il est dû aussi à plusieurs causes, mais sous l'empire de chacune d'elles il prend un aspect différent.

Les poussières qui volent dans l'air se fixant sur la couche de collodion encore humide, forment de petites taches noires au centre desquelles on reconnaît au jour frisant un corps étranger.

Quand la glace, mouillée de nitrate, a attendu longtemps et qu'on développe l'image à l'acide pyrogallique, il y a beaucoup de chance pour avoir dans plusieurs endroits de la plaque d'abondants piquetages noirs. Ceux-ci sont ronds et formés, à n'en pas douter, par la réduction de petits cristaux d'argent produits par l'évaporation de l'eau. Cet accident est beaucoup moins à craindre en développant l'image au protosulfate de fer.

VII. *Traînées.*

Elles viennent quelquefois de ce que la glace a été retirée trop tôt du bain d'argent ; mais avec notre collodion, on ne risque rien de la laisser aussi longtemps

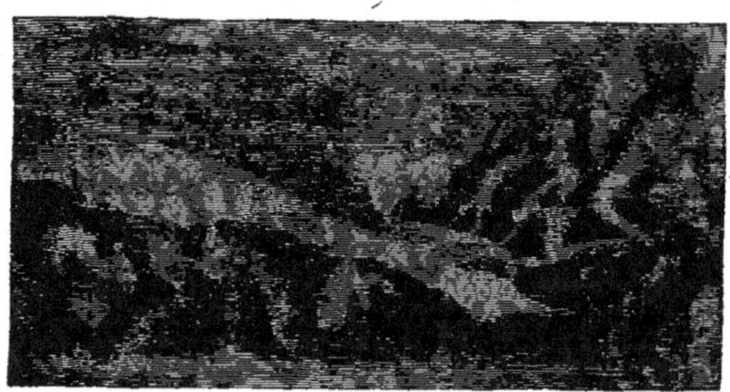

Fig. 24.

que l'on voudra au bain d'argent : cet accident est donc toujours facile à éviter.

Mais quand le bain d'argent devient vieux, qu'il touche à la limite des épreuves qu'il doit donner, il contient, comme nous l'avons démontré, une très-grande quantité d'alcool et de sels étrangers ; il arrive que le développement acide mouille très-difficilement la glace ; de là, si l'on n'y apporte beaucoup de soin et une main habile, des traînées affectant les formes ovales plus claires entourées de filets plus foncés.

Il faut encore craindre des traînées en long de la glace, quand on l'a présentée au châssis, qu'on s'aperçoit qu'elle est trop grande ou trop petite, en un mot qu'il faut la changer d'extrémité ; ou encore qu'on l'a égouttée pour la mettre en long et qu'il faut la mettre en large dans le châssis. Indiquer ces causes familières à tous les opérateurs, c'est donner le moyen de les éviter.

VIII. *Rides vermicellées et rides transversales.*

Viennent d'un collodion trop épais sur lequel une image n'a pas eu le temps de pose nécessaire pour venir

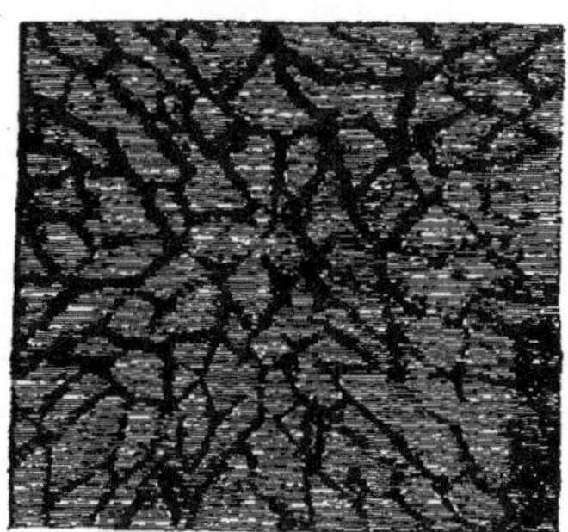

Fig. 24.

sans renforcement. Quand ces traces sont légères, elles disparaissent quelquefois dans l'hyposulfite, mais le plus souvent elles persistent. Ajouter de l'éther au collodion pour en diminuer la densité, et poser assez longtemps.

IX. *Lavage incomplet.*

Lorsqu'au sortir de l'hyposulfite, l'épreuve a été insuffisamment lavée, il se produit une cristallisation dont nous donnons ci-dessous la forme. Elle est due à l'hy-

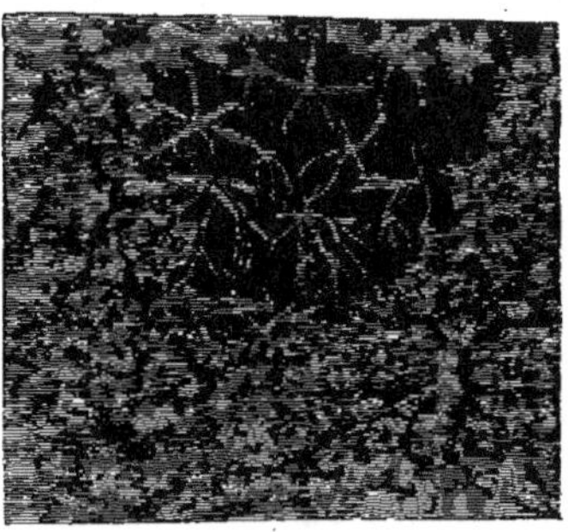

Fig. 25.

posulfite contenu dans l'épaisseur du collodion et probablement entre lui et la glace. Ce sel se rassemble, cristallise en étoile, ronge l'épreuve à ces endroits, la sulfure et la détruit complétement. Laver à grande eau quoique avec précaution, gommer à nouveau et vernir ensuite.

X. *Pas d'épreuves.*

Cet accident peut provenir de plusieurs causes.

Quand le bain d'argent est trop épuisé, le développement tourne de suite au noir, l'image apparaît à peine et ne se développe pas.

Quand le bain d'argent est trop acide et qu'on y a introduit de l'ammoniaque, la couche se réduit sans l'intervention de la lumière et devient noire partout. Dans le cas d'un bain trop acide, ce que l'on reconnaît à la lenteur des images à apparaître, il vaut mieux y projeter quelques gouttes de potasse ou le faire bouillir avec un peu d'argent réduit ou d'oxyde d'argent en poudre.

Quand le bain d'argent, par suite d'une falsification qui se fait souvent sur le nitrate, présente une réaction alcaline, la couche se réduit en noir. Il faut faire bouillir le bain avec quelques gouttes d'acide azotique. On emploierait encore le même moyen si par hasard il y tombait de l'acide pyrogallique ou de l'hyposulfite de soude.

Prenez garde aux émanations des gaz sulfureux et sulfhydrique, l'épreuve ne vient pas et la couche se réduit en noir ; éloigner ces causes d'insuccès du laboratoire.

XI. *Collodion se détache de la glace ou se fend.*

Presque toujours cet accident tient à ce que la glace est ou humide ou grasse.

On craint beaucoup moins cet insuccès quand on se

sert du développement au protosulfate de fer, qui communique à la couche de collodion une ténacité particulière.

XII. *Moirures à jour en travers dans la couche.*

Proviennent d'un collodion trop vieux, à réaction acide, ou dans lequel on a introduit de l'eau par l'alcool. Dans les deux premiers cas, on y remédie facilement par l'addition de collodion pharmaceutique épais et de bonne ténacité. Presque toujours ces collodions sont trop fortement iodurés. Avec nos formules cet accident ne peut arriver que bien rarement et au bout d'un temps très-considérable, nous n'en n'avons jamais vu d'exemple; mais il se produit souvent avec les collodions à base de potassium, et d'ammonium, et c'est une des causes qui nous les ont fait absolument rejeter de notre emploi journalier.

XIII. *Couche sensible se détache par place.*

Excès d'iodure qui doit être corrigé par l'addition d'un volume égal de collodion non sensibilisé. Avant d'être arrivé à ce degré d'intensité, ce défaut se manifeste par des places ressemblant aux veines du bois de chêne. Ces places sont visibles au sortir du bain d'argent; il sera donc toujours prudent, avant de faire une épreuve, de regarder la couche en transparence pour s'assurer que ce défaut n'y existe pas.

Quand le bain d'argent est très-épuisé, et que le collodion qu'on y plonge est fortement ioduré, la couche d'iodure d'argent se détache quelquefois par petites plaques et flotte dans le bain. Le remède s'indique de lui-même : prendre un bain neuf, ou désiodurer le collodion.

XIV. *Épreuves faibles, renforcements divers.*

Si un négatif est trop faible et ne marche plus sous l'action du renforcement à l'azotate d'argent mêlé plusieurs fois au liquide révélateur, il faut avoir recours à des moyens plus énergiques.

Prenez une solution de bichlorure de mercure à 1 pour 100 d'eau, plongez-y la glace sans temps d'arrêt, retirez rapidement et lavez à grande eau. Si vous la laissiez quelques minutes, elle blanchirait partout, et ne serait plus capable de donner une épreuve. En faisant cette opération, ayez soin que l'envers de la glace et la couche du collodion soient bien débarrassés d'hyposulfite.

Si le négatif demande un renforcement plus vigoureux, laissez-le blanchir complétement même en transparence, lavez-le à grande eau : plongez-le alors d'un seul coup et rapidement dans une solution d'hyposulfite de soude à 10 pour cent. L'épreuve vire rapidement au noir intense parce qu'il se forme un abondant sulfure d'argent ; retirez, lavez, vernissez et conservez à l'abri de l'air, car ces négatifs doivent s'altérer nécessairement par suite de la matière qui les forme. Ils s'altéreront même au bout d'un tirage peu nombreux.

On peut encore plonger l'épreuve blanchie dans une solution d'iodure de potassium à 1 pour 100 d'eau : l'image devient jaune intense, mais dans ce cas, elle gagne à peine en vigueur sur ce qu'elle eût donné avant son virage au blanc. Et d'autre part, nous ne pensons pas qu'elle soit plus solide que noircie par l'hyposulfite.

Quand le développement à l'acide pyrogallique ne fait plus avancer une épreuve et qu'elle est encore trop faible, il faut laver, puis mettre la glace de niveau, et la couvrir d'une solution saturée d'acide gallique additionnée de nitrate d'argent faible. Laissez agir, le renforcement marche lentement mais progressivement, et en le surveillant on peut l'arrêter en temps utile. Il est bon de débarrasser de temps en temps la glace de la couche de liquide qui la couvre pour laisser à l'oxygène de l'air la liberté de son action ; on étend de nouveau le liquide renforçant et on surveille. Quand l'épreuve est au point où elle est complète, lavez et fixez comme d'habitude.

Ce mode de renforcement agit également sur les épreuves développées au protosulfate de fer, mais avant d'appliquer le renforcement à l'acide gallique, il faut couvrir l'épreuve pendant une ou deux minutes d'une solution d'azotate d'argent à 1 ou 2 pour 100.

On peut encore verser à la surface de l'épreuve trop faible, mais bien lavée au sortir de l'hyposulfite, une couche d'eau saturée d'iode, laisser agir quelques minutes, exposer la glace à la lumière quelques instants, afin que l'iodure d'argent produit étant impressionné par la lumière devienne réductible. Lavez à grande eau pour enlever l'excès d'iode et versez à la surface, mise de niveau, une solution d'acide gallique additionnée d'azotate d'argent comme il est dit plus haut. Lorsque l'épreuve aura la vigueur qu'elle doit avoir, lavez et passez à une eau légèrement chargée de cyanure, 1/2 pour 100. L'action de l'acide gallique a eu lieu bien entendu dans l'obscurité, ou au moins à l'abri des rayons photogéniques.

On peut encore, au lieu de fixer à l'hyposulfite ou au cyanure un négatif trop faible, le couvrir une minute de chlorure d'or destiné à virer les positions sur papier après leur fixage, ou d'une solution de sel d'or Fordos et Gélis. La teinte opaline reste, puisque l'iodure d'argent n'est pas enlevé, mais il demeure inattaquable, et les épreuves que donnent de tels négatifs sont souvent passables.

On peut également après le développement et avant le fixage couvrir l'épreuve de chlorure d'or acidulé d'acide acétique, on laisse agir, le renforcement est assez rapide, on lave et on fixe. Si cette première opération ne suffit pas, on peut avant le fixage faire agir l'acide pyrogallique additionné d'azotate d'argent, ou l'acide gallique, ou l'eau iodée.

QUATRIÈME PARTIE

DU COLLODION SEC

§ 1er.

Considérations préliminaires.

L'idée de se servir du collodion sec a dû naître en même temps que l'usage du collodion humide ; mais la réalisation de cette idée offrait des difficultés imprévues qui n'ont pu être levées que les unes après les autres, et à la suite d'essais nombreux, d'études diverses où chaque opérateur et chaque pays ont peu à peu fourni leur apport. Ces expériences, qui ont appris à connaître les faits particuliers à la couche du collodion et les exigences auxquelles elle doit répondre, ont imprimé aux expérimentateurs en général deux marches distinctes. La première en date et la plus simple, était l'appropriation à l'obtention d'une épreuve de la couche seule et unique du collodion desséché ; cette méthode, que l'on peut appeler simple, a été longtemps abandonnée pour étudier la seconde dont nous parlerons tout à l'heure ; c'est cependant la seule réellement praticable et celle que nous avons réussi à dégager de ses imperfections et à rendre sûre, complète et d'un usage facile.

La seconde méthode, que les opérateurs anglais étudient encore et que nous appellerons double ou composée, consiste à recouvrir la couche de collodion d'un corps quelconque, destiné à lui conserver une demi-humidité, sans laquelle on ne croyait pas pouvoir garder la sensibilité exquise des sels d'argent contenus dans la couche de pyroxile. Examiner et discuter les embarras de cette manière de procéder n'est pas une mince besogne, car ils sont de toute nature, et le moindre inconvénient, outre le poissement de la surface, est la présence de nouveaux liquides et la complication des manipulations.

A cette branche d'étude se rapporte, mais déjà comme un progrès très-sensible et qui donne de magnifiques résultats, la superposition de l'albumine au collodion, que nous devons à M. Taupenot qui lui a laissé son nom. Je ne puis entrer dans la discussion de cette méthode, qui ne saurait trouver place dans un manuel succinct comme celui-ci et qui trouvera sa place tout naturellement dans notre *Monographie du stéréoscope* en ce moment sous presse. Je dois cependant faire remarquer en passant que le caractère des épreuves obtenues ainsi est plutôt propre à l'albumine qu'au collodion, et que la lenteur de l'impression est, dans beaucoup de cas, un obstacle. Avec notre collodion, la rapidité est semblable à celle que donne la méthode humide ordinaire. Pour certains genres d'épreuves, comme les vues stéréoscopiques, je crois que la méthode Taupenot est une des plus parfaites, parce qu'elle remplace l'albumine seule et qu'elle offre beaucoup plus de facilité dans son application sur la glace ; mais pour les épreuves de grandes dimensions, où les soulèvements sont à craindre chaque fois, et où, en définitive, la finesse la plus outrée n'est pas de rigueur et nuit au contraire à l'effet, notre collodion sec vaudra infiniment mieux ; les épreuves qu'il fournit sont moëlleuses, et les lointains sont dégradés avec une finesse de tons admirable ; il ne donne pas de sécheresse, et les profondeurs peuvent être amenées à toute l'intensité désirable, tandis que le temps de pose n'est jamais long.

D'habiles opérateurs ont, avant nous, présenté des collodions secs plus ou moins constants, en se basant sur la présence de résines de différentes natures ; mais tous ces collodions exigent une *pose trop longue* et ne peuvent pas répondre à toutes les nécessités de la photographie. Leurs travaux nous ont été utiles comme renseignements de manipulations ; mais nos efforts, partant d'un autre point, ont été plus heureux, puisque notre collodion a gardé à sec l'exquise sensibilité qu'il possède humide, et qui permet de l'appliquer aux portraits comme aux paysages, en un mot à toutes les exigences possibles. Le voyageur, avec lui, rapportera des costumes, des vues de cérémonies, etc., sans plus de peine qu'auparavant, des études de paysages et des **vues de monuments**.

Nous n'avons pas cru devoir publier la formule de notre collodion sec rapide, par la raison que nous aurions augmenté encore la source des erreurs possibles. Il ne faut pas se dissimuler que, outre la difficulté réelle et souvent l'impossibilité de se procurer les substances nécessaires, il y a ces précautions particulières et inexplicables, en un mot, ce tour de main de l'inventeur qu'un autre ne possédera pas comme lui.

Il suffira au public photographe d'être assuré qu'aucun flacon ne lui sera livré qu'au préalable la quantité d'où il sera sorti n'ait été rigoureusement essayée, et que nous soyons en droit d'en garantir la réussite certaine, autant, cependant, qu'on peut assurer une opération qui, en définitive, tient à mille causes fortuites de lieu et de main-d'œuvre.

De plus, et afin que le succès soit toujours possible et certain, nous tiendrons à la disposition des photographes des glaces sensibilisées et l'une d'elles essayée,

de manière qu'à un moment donné, et en prévenant la
veille, ils soient toujours en mesure d'opérer sans embarras et à coup sûr.

Avec de telles précautions, il sera impossible de ne
pas reconnaître, non-seulement la rapidité exceptionnelle de ce collodion sec, mais encore sa constance et la
facilité de son emploi. Nous le répétons à dessein, c'est
sa rapidité exceptionnelle qui en fait un produit nouveau et vraiment utile : les positifs sur collodion au
moyen de clichés de toute nature se font instantanément à la lumière diffuse, en quelques secondes à la
lampe, etc.; tous ces délassements donnant au photographe de vraies jouissances et produisant des objets
variés d'ornementation, deviennent avec ce collodion
de la plus grande facilité.

§ 2.

Manières d'opérer. — Extension du collodion. — Immersion.

Elle n'offre pas de difficultés particulières ; seulement, comme la couche doit avoir la plus grande solidité
possible, on fera bien de soutenir la glace par-dessous
au centre, soit sur une poignée (page 86), soit par tout
autre moyen, pour arriver à couvrir exactement les
quatre coins de la glace; le collodion, en se doublant
au bord sur la tranche du verre, augmente beaucoup la
solidité générale.

Laissez prendre fortement la couche avant de la mettre au bain ; servez-vous d'une cuvette horizontale, d'un bain abondant, et immergez la glace, le collodion en dessus, sans temps d'arrêt ni bulles à sa surface (page 89).

§ 3.

Bain d'argent. — Lavages successifs. — Précautions à prendre pour le séchage.

Bain d'argent :

Eau distillée.	100	grammes.
Azotate d'argent crist.	6	—
Acide acétique cristallisable.	8	—
Collodion.	2	—

Agitez ; laissez reposer une heure et filtrez au papier. La glace y séjournera cinq minutes.

Avant tout, on place à sa portée trois cuvettes pleines d'eau ordinaire filtrée, ou mieux d'eau de pluie ou distillée ; en un mot, la meilleure est celle que l'azotate d'argent emporté par la glace troublera le moins. Laissez cinq minutes la glace dans chaque cuvette successivement ; ces opérations, se faisant de façon qu'une glace faite en chasse une autre, ne prennent pas de temps. Au sortir de la troisième eau, lavez abondamment au flacon laveur (page 122), couvrez enfin d'une nappe d'eau distillée ; dressez sur un angle, contre un

mur, sur du papier buvard, et laissez sécher naturellement à l'obscurité absolue.

On voit, par ce qui précède, qu'il importe beaucoup
que la couche de sels sensibles soit complétement débarrassée de nitrate d'argent libre : nous le lui restitue-
rons plus tard.

On ne se rend pas bien compte du rôle que peut
jouer l'acide acétique dans ce bain, et cependant des
expériences comparatives et réitérées nous ont convaincu
qu'il y est indispensable. Les lavages si longs et si répétés de la couche de collodion doivent enlever les dernières traces de cet acide; il est probable qu'il agit par
une action de présence sur la forme cristalline de l'iodure d'argent. Il est très-important de ne se servir pour
ce bain que d'acide acétique cristallisable; celui pyroligneux contient des huiles essentielles qui voilent la
couche en noir intense lors du développement.

Les glaces ainsi préparées sont sèches au bout de
quelques heures, suivant la température; il est cependant préférable de les préparer la veille pour le lendemain; si on les laissait sécher à plat, une partie de
l'eau, en se retirant par places, produirait des cernes
ou différences d'opacités dans la couche qu'une dessic-
cation extrême au feu ne ferait pas disparaître.

§ 4.

Du temps de pose.

Le temps de pose peut difficilement être précisé d'une manière absolue; cependant, avec un objectif simple de 45 centimètres de foyer, diaphragmé assez fortement pour avoir toute la finesse possible, sur plaque normale, *quarante-cinq secondes* suffisent le lendemain de la préparation par un temps éclairé de soleil, et sur toutes surfaces, excepté des massifs d'arbres en premier plan pour lesquels *deux minutes* seront nécessaires. La première vue dont nous avons parlé exigerait soixante secondes au bout de trois ou quatre jours, et deux minutes du treizième au quinzième; passé ce temps, et jusqu'à soixante jours, la sensibilité ne semble plus s'altérer davantage.

Ces détails et un très-petit nombre d'expériences mettront de suite l'opérateur au courant. Nous devons prévenir cependant que la justesse du temps de pose importe beaucoup, et qu'il vaut mieux rester au-dessous que de dépasser; l'épreuve, dans ce dernier cas, ne présentant plus de ressources, tandis que, dans le premier, elle se laisse parfaitement continuer.

En général, pour les vues mixtes, si l'on peut ainsi nommer celles qui comprennent des massifs de verdure et des roches blanches, ou des édifices, le temps de pose varie d'une minute et demie à deux minutes, pour l'objectif dont nous avons parlé ci-dessus.

L'épreuve étant commencée par l'impression de la lumière sur la couche sensible, on obtient les meilleurs résultats possibles en la développant dans les vingt-quatre heures ; cependant, ce temps *peut être doublé* sans grands inconvénients, mais, dans ce cas, l'épreuve est moins fine et moins vigoureuse : on dirait que l'action de la lumière *se continue à la surface de la couche sur les molécules qu'elle a ébranlées par sa puissance.*

§ 5.

Bain de retour. — Développement à l'acide pyrogallique. — Formule. — Manière de l'appliquer. — Développement au protosulfate de fer.

Plongez la glace impressionnée dans de l'eau ordinaire, dans une cuvette, pendant cinq minutes au moins, plus de temps n'a pas d'inconvénients ; lavez à l'eau distillée ; filtrez pendant ce temps votre bain d'argent, et plongez-y de nouveau cette même glace cinq minutes encore.

Préparez l'un des développements ci-après. Suivant que la température hausse ou baisse, variez l'acide en plus ou en moins entre les limites indiquées :

Acide pyrogallique.	0^{gr}, 50
Acide acétique crist.	4 à 8 —
Eau distillée.	150 —

Ou bien :

> Eau distillée saturée de protosulfate de fer. . .   20 grammes.
> Eau distillée.   100   —
> Acide acétique crist.   4   —

Choisissez une cuvette horizontale d'une dimension de très-peu plus grande que la glace, et versez-y assez de cette solution récente pour être sûr de couvrir la glace d'un seul coup ; pour une glace normale, 100 à 120 centimètres cubes suffisent dans une cuvette juste.

Retirez, sans la laver, la glace du bain d'argent ; laissez-la égoutter parfaitement par un angle ; sans cette précaution, la couche de nitrate d'argent produirait des moirures métalliques qui s'attacheraient au collodion et gâteraient l'épreuve. Il faut que la couche soit imbibée de nitrate d'argent, mais qu'il n'en coule que le moins possible à sa surface ; plus tard on pourra en introduire en renforcement sans inconvénient. Soulevez la cuvette de développement par un bout, appuyez la glace à la même extrémité soulevée, et laissez retomber doucement le tout ensemble, le collodion étant en dessus, bien entendu (page 89). Le liquide développateur baignera immédiatement la surface du collodion imbibée de nitrate d'argent, et l'épreuve apparaîtra à l'instant même.

Promenez doucement la solution à sa surface en inclinant faiblement la cuvette dans tous les sens. Les cuvettes les plus commodes sont celles de porcelaine, parce que l'image noire se découpe parfaitement sur le fond blanc ; si vous en avez en verre, doublez-les d'un papier blanc par-dessous , vous obtiendrez le même effet.

§ 6.

Renforcement. — Manière de le conduire.

Lorsqu'au bout de quelques minutes, l'épreuve ne marchant plus, vous ne la trouvez pas assez intense, ce dont vous vous assurez en la regardant par transparence, il faut la renforcer.

Inclinez de nouveau la cuvette de façon à ramasser le liquide à une extrémité : ce liquide doit être à peine troublé et légèrement jaunâtre, si vous avez opéré dans de bonnes conditions ; projetez-y, au moyen d'un flacon à bouchon traversé d'un petit tube de verre, quelques gouttes seulement d'une solution faible d'azotate d'argent à 4 p. 100, et ramenez de suite le liquide sur la surface de l'épreuve, le renforcement commencera, et vous pourrez, en répétant cette manœuvre, le conduire jusqu'au point ou le bain se troublera tout à fait et se couvrira de réductions moirées.

Si, par suite d'une pose trop courte, votre épreuve n'est pas encore arrivée à un point suffisant, lavez pour chasser le dépôt pulvérulent d'argent réduit à sa surface, *lavez* sous un jet un peu roide, car ce dépôt est adhérent ; rincez la cuvette qui contient un dépôt semblable, et recommencez la série des opérations du § 5, en ayant soin de mêler, dès la première portion du liquide réducteur, une plus grande quantité de nitrate, puisque la surface de la glace n'en retient plus de libre.

On peut amener ainsi très-facilement et sans accident l'épreuve au point d'intensité le plus fort.

§ 7.

Fixage et vernis.

Lavez fortement, ne craignez rien, le collodion ne se détachera pas si votre glace a été bien préparée et surtout parfaitement sèche, au § 2, avant l'application du collodion. Plongez au bain d'hyposulfite à saturation *et neuf*, et, au bout de quelques minutes, lavez abondamment ; gommez avec une solution filtrée de gomme arabique à 10 pour 100 dans l'eau distillée ; mettez debout, sur un angle, à sécher sur du buvard en double.

Vernissez ensuite avec le vernis qui vous sert d'habitude, l'épreuve doit être complète.

En résumé, la méthode ci-dessus n'offre ni manipulations extraordinaires et absolument nouvelles, ni produits nouveaux, et cependant, dans sa marche, elle donne des résultats constants et permet à chaque instant du développement, de constater le progrès de l'épreuve. Quelques épreuves viennent grises en transparence, il ne faut se prononcer sur le mérite de ces négatifs qu'après en avoir fait une épreuve positive, parce que souvent on est trompé sur leur véritable valeur. En général ce sont des épreuves qui pèchent par un excès de pose ou qui sont voilées.

§ 8.

Remarques et accidents.

Nous ne prétendons pas dire qu'il n'y en ait aucuns de possibles ; au contraire, nous allons indiquer les plus ordinaires, et en même temps la manière d'y remédier : tous naîtront de l'usage de flacons qui auront servi, en un mot, de résidus qu'on aura mal traités. Si vous voulez conserver aux flacons de notre collodion sec ses précieuses qualités jusqu'à la fin, reversez, à chaque glace, l'excédant de collodion dans un flacon propre et séparé, le plus petit possible, afin de laisser aussi peu d'air qu'il se pourra en présence de la surface du liquide ; ces résidus seront additionnés d'environ un tiers de leur volume d'éther ; agitez et reversez dans un autre flacon pour déposer ; ils pourront alors être joints au flacon primitif par décantation.

Surtout que les doigts ne touchent ni l'intérieur du goulot des flacons, ni la partie du bouchon de verre qui s'y introduit, la graisse et les impuretés qu'ils y laissent étant très-facilement entraînées par le collodion et tachant alors l'image.

§ 9. Si, après le premier passage au bain d'argent, vous avez des portions de la glace couvertes, dans l'intérieur de la couche, de moirures plus épaisses ou de taches ressemblant aux veines claires du bois de chêne, et visibles par transparence, additionnez votre flacon de collodion non sensibilisé à 1 p. 100 de pyroxile. Ce collodion contenait trop d'iodure pour sa consistance, ne craignez pas de le rendre trop peu ioduré; il vaut toujours mieux, avec notre collodion, l'étendre et pécher par cet excès que par l'autre. Vous éviterez ces accidents en tenant les flacons soigneusement bouchés.

§ 10. Si la couche se détache au bain par l'angle qui a servi à rejeter l'excédant de collodion, c'est que vous avez plongé trop frais au bain d'argent. Laissez prendre davantage la couche de collodion, sa contexture ne s'y oppose pas, il ne perdra rien de sa rapidité.

§ 11. Si vous avez des taches nombreuses, plus pâles, rondes, et comme à jour dans l'épreuve développée, vous n'avez pas assez lavé, et votre couche sensible a été détruite en ces endroits par le nitrate libre qu'elle a conservé.

§ 12. Prenez garde aux chocs sur la couche, et cependant, si vous éraillez une glace dans les manipulations, continuez-les, le collodion ne se détachera pas par là, il est trop intimement uni à la glace ; cependant, évitez de toucher les bords et les coins des glaces, parce que, dans ces endroits, outre les taches que vous risquez de produire, vous pouvez soulever le collodion ; comme il est là plus épais que partout ailleurs, il est d'autant plus facile à soulever, et vous n'en seriez peut-être plus maître. Si vous avez incorporé des poussières dans la couche, tâchez de les présenter dans le feuillé ou dans les premiers plans ; souvent ainsi vous utiliserez cette glace et votre accident ne paraîtra pas.

§ 13. Surtout éloignez l'hyposulfite et les cuvettes qui lui ont servi ; ne lavez pas même dans la cuvette à développement, quoique bien nettoyée, et ne touchez jamais à la couche, même sèche, du collodion.

§ 14. L'usage de crochets en fils d'argent pour toutes ces manipulations est indispensable : un pour le bain de nitrate, un pour les cuvettes de lavage, un pour la cuvette de développement, un pour l'hyposulfite ; en tout quatre, afin de ne jamais toucher la glace que soulevée et par-dessous, jamais par les coins ou les bords ; ces crochets se font facilement et leur prix est minime (page 89).

§ 15. Si vous avez, en développant à l'acide pyrogallique de nombreuses taches noires sur votre épreuve, servez-vous du développement au protosulfate de fer ; il tend beaucoup moins à cet accident dans les mêmes circonstances.

§ 16. Dans tous les cas, souvenez-vous que les négatifs prennent une grande vigueur en séchant et dou-
blent presque d'intensité. Arrêtez donc le développement
à temps.

APPENDICE

DE L'OBTENTION DES ÉPREUVES STÉRÉOSCOPIQUES

AVEC LE COLLODION SEC.

I. Le collodion sec, tel que nous le livrons au public, est trop concentré pour les épreuves stéréoscopiques et ne donnerait pas toute la finesse dont il est susceptible, finesse comparable de tout point à celle du collodion albuminé. Il faut prendre deux tiers de collodion du flacon et le mêler avec un tiers de collodion non sensibilisé à 1 pour 100 de coton-poudre et contenant peu ou point d'alcool.

II. La capacité de nos flacons remplis de ce mélange, fournit facilement 75 glaces stéréoscopiques ordinaires.

III. A la fin de chaque quantité de glaces collodionnées, il faut rajouter aux résidus de collodion mis à part, un quart environ de leur volume du collodion non sensibilisé décrit alinéa I. On peut en quelque sorte pousser la désioduration de ce collodion à l'extrême sans nuire à l'intensité de ses noirs et sans presque atténuer sa rapidité. Le seul inconvénient qui se présente, c'est que la cohésion de la couche diminue assez rapidement : or comme cette couche peut ne pas rester assez forte pour supporter le dépôt d'argent et de carbone dont on la charge, elle se plisse et se déchire ensuite. Il est un moyen terme auquel on s'arrête facilement au bout de quelques essais et que représentent les proportions indiquées plus haut.

IV. Il faut laisser reposer le mélange une nuit et filtrer le lendemain au papier Berzélius, : pour réussir à coup sûr, on se munit d'un entonnoir très-peu évasé, et aussi grand que possible vu la quantité à filtrer. On fait un filtre à plis, que *l'on tord sur lui-même*, de façon que cette torsion détermine, à partir de la pointe jusqu'au dernier quart de la hauteur une série de plis en spirale montante. On ouvre ce dernier quart, on enfonce le plus possible le filtre *tordu sur lui-même et non ouvert* dans l'entonnoir. Pour réussir, il faut que la pointe du filtre tordu dépasse un peu la pointe en verre de l'entonnoir. On mouille légèrement le filtre d'un peu d'éther et l'on verse le collodion qui continue à passer comme de l'eau ordinaire.

V. Préparez une cuvette pour le bain d'argent pouvant contenir facilement 3 glaces stéréoscopiques l'une à côté de l'autre; à côté, une seconde cuvette pouvant en contenir 6. D'autre part un flacon laveur d'un litre. Ayez à la portée de la main vos glaces 6 par 6, propres, passées au dernier chiffon, *époussetées au blaireau* et debout contre le mur. Saisissez dans la main gauche votre tampon porte-glace mouillé, qui a 8 à à 10 centimètres de long sur 3 à 4 de large; frappez votre glace dessus, elle y adhérera parfaitement.

VI. Collodionnez la première glace.

Pendant que le collodion s'étend à sa surface, il faut déposer à côté de soi le flacon, en prendre un autre dans lequel on reçoit le trop-plein de la glace : ce trop-plein se réduit avec un peu d'adresse à quelques gouttes : on remanie ce résidu comme il a été dit à l'alinéa III.

— Posez la glace à côté de la cuvette à bain d'argent sur une boîte plane, un support quelconque,

— Collodionnez la 2e glace, sans vous presser, laissez bien égoutter, adroitement, pour ne pas avoir de doublures; posez la 2e à côté de la 1re.

— Mettez la 1re au bain.

— Collodionnez la 3e de même, posez à côté de la 2e.

— Mettez la 2e au bain.

VII. Sortez la 1re du bain, mettez-la doucement dans la grande cuvette pleine d'eau ordinaire.

— Mettez la 3e au bain.

— Collodionnez la 4e, mettez-la sur le support.

— Sortez la 2e du bain, mettez-la dans la grande cuvette.

— Collodionnez la 5e, posez-la près de la 4e.

— Mettez la 4e au bain.

— Sortez la 3e du bain et mettez dans la grande cuvette.

— Collodionnez la 6e, posez près de la 5e.

— Mettez la 5e au bain.

— Sortez la 4e du bain, et mettez dans la grande cuvette.

— Mettez la 6e au bain.

— Au bout d'une minute sortez la 5e, et une minute après la 6e, que vous mettez toutes deux dans la grande cuvette.

VIII. Prenez alors la première glace, et sur la main, lavez-la au flacon laveur avec de l'eau ordinaire. Le flacon d'un litre suffira pour 3 glaces.

Posez debout sur du buvard ; changez de place quand 3 glaces sont lavées et n'en laissez aucune sécher absolument sur l'endroit du premier dépôt, qui devient très-mouillé, et cependant est utile comme passage, parce que l'action capillaire y attire plus rapidement la couche d'humidité que sur du buvard neuf et sec.

IX. Les six glaces faites constituent une première quantité, on peut, sans perdre de temps, recommencer cette manœuvre autant de fois qu'il sera nécessaire.

X. Il faut poser le lendemain matin, par un beau soleil ordinaire :

— Sur des arbres et des tons peu photogéniques, objectif simple, foyer 20 centimètres, diaphragme 12 à 15 millimètres. . . . . 60 à 90″

— Sur des maisons blanches ou grises et objets photogéniques, même objectif et diaphragme. . 45 à 60″

— Avec un objectif double, $\frac{1}{4}$ diaphragmé à 15 millimètres, on peut ne poser que. . . . . 30″ et même 15 à 25 secondes sur des statues.

Mais en général, il faut de 35 à 45 secondes pour des détails complets.

XI. Du temps de pose bien compris dépend la réussite de l'épreuve et sa beauté : s'il est dépassé, elle présente une image rousse et voilée ; s'il est trop faible, une image grise et non détaillée. Quand le temps est juste, l'image est noire, le collodion à peine jaune. En transparence tout est limpide.

XII. La sensibilité de la couche demeure à peu près la même pendant une semaine : on peut également et sans inconvénient, nous nous en sommes assurés, ne développer qu'au bout de ce temps les glaces impressionnées.

XIII. Pour développer, lavez à l'eau ordinaire, plongez au bain d'argent 2 minutes au plus ; sortez, égouttez avec soin ; la présence d'une couche ruisselante produit des moirures.

XIV. Versez dans une petite cuvette en verre de la grandeur des glaces, une quantité suffisante de proto-sulfate de fer, dont la formule a été donnée avant cet appendice, plongez-y la glace, l'épreuve apparaît ins-tantanément. Ajoutez peu à peu quelques gouttes de nitrate et laissez le développement s'accentuer et la ré-duction métallique se faire complétement. Si le temps de pose a été juste, la réaction marchera rapidement, le bain se troublera, deviendra rouge et boueux, l'é-preuve magnifique. Si vous voyez le bain demeurer blanc et limpide malgré l'argent ajouté, la glace n'a pas assez posé, la réaction est faible et l'image aussi. La-vez ; recommencez le même bain. Vous pouvez amener les ciels à une opacité absolue et les détails à une opa-cité proportionnelle aussi forte.

XV. Lavez, fixez à l'hyposulfite concentré ; lavez, gommez fortement, d'autant plus que l'image aura été plus renforcée et par-conséquent aura plus souffert.

Séchez debout, le collodion au-dessus. Vernissez à sec, avec un vernis qui n'affaiblisse point.

XVI. Sur 24 glaces faites, 18 à 20 doivent être con-stamment réussies en suivant ponctuellement la marche ci-dessus.

CINQUIÈME PARTIE

DES ÉPREUVES POSITIVES SUR PAPIER

PAR LES SELS D'ARGENT.

§ 1er.

Préliminaires.

L'épreuve positive est, en définitive, le but où tendent tous les travaux photographiques, puisque c'est par elle qu'ils se manifestent au public ; aussi son importance est-elle incontestable. Son obtention dans des conditions parfaites est loin d'être une chose aussi simple que les manipulations semblent l'indiquer, et il arrive journellement qu'un négatif qui semble très-beau ne produit pas les épreuves qu'on en attendait.

Nous n'entreprendrons pas la discussion des études

que l'on a faites sur les causes de leur durée ou de leur destruction, nous pensons que, faites dans de bonnes conditions et avec la conscience qu'on doit apporter à la réalisation de ses œuvres, elles ont une très-longue durée et répondent suffisamment aux besoins de la génération que nous représentons. Affirmer que les épreuves aux sels d'argent peuvent être inaltérables à certaines causes de détérioration, nous ne le pensons pas, mais cela tient sans doute autant à la qualité du papier que le commerce nous fournit qu'à la manière dont ces épreuves sont obtenues.

§ 2.

Choix du papier.

Cette grande question, irrésolue encore, divise tous les opérateurs. Pour nous, nous prenons du papier de Saxe grand format, et, malgré les essais du papier français, nous avouons, à notre grand regret, que la supériorité est toujours restée au papier étranger. Au chapitre des accidents, nous considérerons le mode dont se comportent plusieurs qualités.

Avant toute opération subséquente, il est utile de faire un tri dans les feuilles, de séparer celles qui sont marquées de petites taches noires, celles qui contiennent ou des jours, ou des fils colorés, ou des pailles, etc.

On utilise les découpes de ces feuilles pour de plus petites épreuves.

§ 3.

Chlorurage du papier. — Choix des chlorures.

On marque au crayon l'envers du papier, qui s'aperçoit très-facilement à un jour frisant sa surface, et dé-
cèle le contact des fils réguliers de la toile sans fin
de la machine. On recourbe une corne de chaque
feuille, et on a soin que ce soit toujours la même,
afin que sa position et la manière dont elle est ployée
vous fasse, sans besoin d'autre marque, reconnaître
l'endroit de l'envers du papier.

Prenez :

Eau bien filtrée. . . . . 100 grammes.
Chlorure d'ammonium. . . . . 4,50 —

Cette quantité peut varier suivant le temps d'imprégnation que vous donnez au papier : avec 4,50, laissez
la feuille 5′ sur le bain ; avec 5 de chlorure, laissez-la
seulement 3′ 1/2. Cette dernière proportion est la meilleure ; elle produit une chloruration plus superficielle,
et c'est à cette disposition qu'on doit les épreuves bien
vigoureuses et bien fouillées.

Le chlorure d'ammoniaque donne au virage par l'or,
que nous verrons tout à l'heure, des tons noirs-violets

fort riches ; mais on peut le remplacer par d'autres chlorures ; ceux de sodium, de potassium et de baryum sont les plus usités : ils donnent chacun un ton différent à l'épreuve. Le chlorure de baryum produit des tons gris perles, celui de sodium des noirs plus bruns et un grain de chlorure moins fin : il a de plus le désavantage d'être très-hygrométrique, surtout s'il contient des sels de magnésie, ce qui arrive toujours quand on ne le prend pas purifié, et dans ce cas les papiers sont sujets à se moisir et à se détériorer si on les conserve un peu longtemps.

Le bain de chlorure est bon jusqu'à épuisement ; seulement, quand il a servi, il faut le filtrer avec soin, parce que l'action du chlorure sur les feuilles enlève des portions d'encollage qui se coagulent, et, flottant sur le bain, viennent s'attacher aux feuilles qu'on y remet et causer des taches qui se révèlent, lors du passage au bain d'argent.

On suspend les papiers par l'angle replié qui n'a pas été mouillé, on laisse sécher, on serre, dans des cartons en général, à l'abri de l'humidité.

§ 4.

Sensibilisation. — Formule. — Explication de la réaction. — État nécessaire de la couche sensible. — Manière de sensibiliser. — Feuilles
insolées préalablement. — Sécher la feuille avec soin.

Prenez :

        Eau distillée.   100 grammes.
        Azotate d'argent cristallisé.   15   —

La feuille qui a subi l'opération précédente du § 3
contient, et dans sa texture et à sa surface, une certaine quantité de chlorure alcalin : si donc nous la dé-
posons à la surface du bain d'argent, une double décomposition aura lieu. Il se formera dans la texture et
à la surface du papier un chlorure d'argent qui, par sa
nature floconneuse, sera retenu par les fibres entre-croi-
sées, pourvu qu'il ne soit pas trop abondant, auquel cas
il se détachera par plaques ; il se formera en même
temps et en quantité équivalente un azotate de la base
du chlorure alcalin. L'abondance de ce produit est facile
à constater en brûlant un vieux filtre servant au bain
d'argent positif : il fuse en brûlant, à cause de la
grande quantité de salpêtre qu'il contient, si on emploie le potassium, ou d'un azotate quelconque, qui
tous ont plus ou moins cette propriété. C'est cet azotate encore qui, restant en même temps qu'une couche
d'argent à sécher à la surface du papier chloruré, mo-

difie la couleur propre de l'épreuve. Ce sel se retrouve même dans le bain hyposulfite.

Le chlorure d'argent pur exposé à la lumière y noircit, mais peu rapidement et d'une manière incomplète; il en est tout autrement alors qu'il est en présence de l'azotate d'argent; il devient sensible et s'altère profondément, et cela d'autant plus que la solution d'azotate est plus concentrée. Nous voyons donc l'importance d'un bain sensibilisateur très-chargé et d'un bain de sel qui ne soit que suffisant pour donner une couche égale, homogène-et superficielle.

D'autre part, la décomposition de la couche de chlorure étant complète en présence de l'excès considérable d'azotate, celui-ci doit s'affaiblir rapidement; il est donc prudent d'en ajouter de nouveau pour maintenir le bain au même titre, sans cependant pousser ceci à l'excès, parce que la solution ne deviendrait plus qu'une eau-mère alcaline qui donne d'affreuses épreuves.

Le bain d'azotate doit être filtré avec soin, et les cuvettes en verre ou porcelaine parfaitement nettoyées, les réductions flottantes étant à craindre, parce qu'elles tachent les feuilles. On y étend, à l'obscurité, le papier 5 minutes au moins, on suspend aussi à l'obscurité, et on laisse sécher naturellement. On peut faire cette opération très-facilement dans un appartement dont les vitres de la fenêtre sont recouvertes de papier jaune.

En hiver, on peut sensibiliser ainsi le papier positif la veille au soir pour le lendemain matin. En été, les feuilles commencent à devenir violettes au bout de 24 heures; en hiver, elles peuvent se conserver 6 à 8 jours. Ce papier doit être serré dans un portefeuille qui ne voie pas le jour, même quand il n'est pas chargé de papier sensibilisé; nous recommandons la même précaution pour celui qui contient les papiers non salés et salés. Les expériences de M. Niepce de Saint-Victor mettent hors de doute des faits qui nous ont éclairés sur des phénomènes qui nous semblaient inexplicables.

D'après les recherches de ce savant, un papier présenté à la lumière, puis plongé dans l'azotate d'argent, doit noircir sans autre préparation, et c'est ce qui arrive en effet, tandis que la partie soustraite à l'action de la lumière demeurera blanche et intacte. Il nous est arrivé que des feuilles de papier chloruré et nitraté serrées dans des portefeuilles se trouvaient le lendemain porter l'empreinte en brun, sur l'une ou l'autre face, de caractères bizarres ou d'objets qui avaient été insolés à la surface de ces feuilles; ces marques étant indélébiles, les feuilles sont perdues. Gardez donc vos papiers, avant et après leur sensibilisation, dans des cartons noirs fermés hermétiquement, garnis de papier buvard sans taches et soustraits à l'action de la lumière.

La plus grande propreté est de rigueur pour manipuler le papier sans le maculer. Les doigts humides y laissent des taches ineffaçables ; évitez de le toucher, excepté sur les bords ; il contiendra toujours bien assez d'endroits gras dus aux touchers antérieurs à vous et qui n'ont pas toujours été faits avec assez de précaution.

Assurez-vous encore, en les passant devant un feu de charbon, que vos feuilles sont parfaitement sèches, surtout aux angles et aux bords, avant de les mettre sur un négatif. Vous y feriez des traces et des taches bien difficiles à ôter. Sur un négatif collodion, une goutte de cyanure faible réussit quelquefois, mais enlève souvent l'épreuve en même temps. L'hyposulfite concentré réussit plus souvent, si la tache est récente ; sur un négatif papier le mal est sans remède.

§ 5.

Exposition à la lumière. — La faire agir perpendiculairement. — Abris différents. — Manière de les employer. — Renforcement par une lentille. — Doublure en papier végétal. — Différence d'impression de l'hiver à l'été.

De cette portion de l'opération dépend en grande partie la beauté des épreuves, et cependant aucune règle fixe ne peut être donnée, puisqu'il faut assez impressionner pour que le résultat final soit heureux et que ce résultat provient du concours de forces différentes : 1° celle de la lumière, qu'on ne juge pas toujours exactement ; 2° celle rongeante du bain d'hyposulfite qui suit, et que l'opérateur connaît à peu près ; 3° la qualité du papier qui se laisse plus ou moins dépouiller ; et 4° le virage employé qui change pour chaque système. J'ai donc raison de regarder cette partie du tirage des positifs comme la plus délicate ; et, certes, si une certaine habitude, une certaine intuition que nous voyons tous les jours des opérateurs très-ordinaires acquérir ne nous guidait pas, on renoncerait à le faire rationnellement en considérant la masse de précautions à garder et d'écueils à éviter.

Il est prudent de faire agir la lumière perpendiculairement au plan du châssis à reproduction, surtout pour les négatifs du collodion ; il peut se trouver dans les glaces épaisses des fils de verre qui, réfractant la lumière irrégulièrement, produisent de singulières figures ou des lignes déformées sur l'image.

Le mode de tirage dépend aussi de la manière plus ou moins bonne dont le modèle a été éclairé : s'il l'a été parfaitement, sans que les blancs, les lumières aient pris une importance exagérée, le tirage se fera facilement, toutes les parties viendront ensemble. Il suffira de laisser impressionner jusqu'à ce que les grandes lumières soient légèrement violettes. La proportion d'intensité sera telle qu'à ce moment les grands noirs seront légèrement métallisés verts. Mais de tels négatifs ne se rencontrent pas tous les jours, et cependant, avec de moins parfaits, on peut encore obtenir une bonne épreuve, mais cela demande plus de temps et surtout plus de soins et d'adresse. Il s'agit, en effet, d'abriter les parties assez venues pour donner aux lumières trop opaques le temps de s'impressionner assez. Pour cela, on se sert de cartons découpés suivant le contour à peu près exact de la partie à faire venir, imprimant un léger mouvement oscillant à ce carton mis sur la glace du châssis exposé au soleil, on estompe les contours de la partie qu'on éclaire et on l'amène à l'intensité nécessaire. Il vaut mieux encore, si l'on connaît à peu près le rapport des deux intensités à obtenir, celle que donne le cliché et celle qu'il devrait donner, commencer par faire venir les parties à renforcer, démasquer le châssis du carton et laisser venir le tout ensemble.

Nous empruntons à M. F. Vogel un tour de main qui peut, dans des cas assez nombreux, donner des résultats utiles.

Il arrive souvent que dans un portrait, par exemple, on doit reproduire des tons très-différents, et qu'auprès de teintes très-claires il s'en trouve de très-foncées, comme le velours et autres accessoires, et que le négatif est *brûlé* dans les blancs venus les premiers.

Avant de procéder au tirage, on fixe, avec un peu de gomme arabique, le papier positif en haut du négatif, on fait sécher, afin de suivre l'opération sans risques de déplacement. On expose à la lumière : quand l'image est à peu près venue, on commence à concentrer, avec une lentille à long foyer, une loupe ordinaire pour lire, la lumière du soleil sur les points de l'épreuve qui tardent à venir. On en règle l'action en éloignant ou rapprochant tour à tour, la lumière étant d'autant plus intense qu'on met mieux au foyer. On peut ainsi dessiner, en quelque sorte, avec cette pointe de lumière, et donner à volonté des tons plus ou moins vigoureux. En agitant la lentille par de légers mouvements de va-et-vient, on évite les duretés. On doit regarder souvent la marche de l'impression lumineuse, et se servir, pour préserver la vue, de lunettes bleues à verres foncés.

On applique également aux portraits le procédé que nous avons indiqué pour les nuages des paysages. On tend sur le collodion une feuille de papier végétal, que l'on colle de deux côtés à l'envers et sur le bord. On corrige au pinceau, sur cette feuille, les imperfections ; au moyen de teintes plates appropriées, on donne une opacité homogène à toutes les parties du modèle, et, après quelques essais préalables, on arrive à le faire venir d'un seul coup avec tout l'effet qu'il doit avoir.

Alors que le papier positif est exposé à la lumière, il faut remarquer que les premières teintes violettes sont produites beaucoup plus vite que certains tons plus foncés, proportionnellement bien entendu ; quand l'image a atteint un violet un peu intense, elle semble quelques instants stationnaire : c'est qu'alors elle gagne en profondeur, et ne continue à varier qu'alors que les couches supérieures passent au vert et se métallisent. Il faut en hiver et par les lumières très-faibles des jours couverts, faire grande attention que l'impression lumineuse est beaucoup plus superficielle qu'après l'exposition au soleil ardent de l'été ; il sera donc toujours utile de pousser davantage les images parce qu'elles perdent beaucoup plus dans l'hyposulfite.

§ 6.

Différents accidents. — Différentes manières dont l'image se produit.

C'est ici le lieu de quelques remarques sur la façon dont se comportent les diverses couches impressionnables de chlorure d'argent et sur les conséquences pratiques que l'on doit en tirer.

Si dans la feuille on aperçoit des traces d'objets marqués en brun, elle est à rejeter, parce que ces traces ne disparaissent pas à l'hyposulfite ; elles proviennent d'objets insolés posés par mégarde sur le papier déployé.

Si l'image se présente grise et comme farineuse, cela provient de plusieurs causes ; souvent d'un excès de chlorure alcalin dans le papier, au lieu de l'excès d'azotate d'argent qui doit s'y trouver ; quelquefois de la qualité même du papier dont l'encollage est insuffisant ou défectueux.

Si la feuille est longue à s'impressionner et présente uniformément un grivelage par places irrégulières et plus claires, c'est que le bain d'azotate est épuisé et ne contient presque plus qu'un azotate alcalin.

Les épreuves dans de telles circonstances doivent être mises immédiatement au rebut, parce qu'elles deviennent encore moins satisfaisantes après leur passage à l'hyposulfite. Cependant dans le cas des feuilles grises et farineuses on peut, l'épreuve étant fixée, la continuer et en même temps la renforcer en la mettant quelques secondes en contact du bain de fer à collodion.

Si la feuille dont on se sert est vieille et présente déjà une coloration générale jaunâtre ou rougeâtre, elle peut donner une bonne épreuve cependant, mais il sera bon de la fixer dans un bain d'hyposulfite neuf et actif pour la ramener au blanc.

<h2 style="text-align:center">§ 7.</h2>

Fixage et virage de l'épreuve. — Formule. — Manière de faire le bain. — Marche du virage. — Précautions à prendre. — Lavage.

Eau distillée.	1000 grammes.
Hyposulfite de soude.	100 —
Chlorure d'or neutre.	1 —

Dissolvez d'abord l'hyposulfite dans l'eau distillée, dissolvez à part le chlorure d'or dans quelques gouttes de cette eau, et projetez ce dernier dans le bain en le remuant légèrement. Si le chlorure est acide, il y aura décomposition de l'hyposulfite, formation d'acide sulfureux et dépôt de soufre sous forme de poudre blanche, qui trouble le bain. Ce dépôt est tellement ténu qu'un filtrage répété au papier n'en débarrasse pas le liquide : cette opération n'est pas nécessaire, car quelque précaution que l'on prenne, un pareil bain donnera des blancs jaunes aux épreuves que l'on y fixera. Il importe donc beaucoup que le chlorure d'or soit aussi neutre que possible, sa couleur dans cet état est brun foncé verdâtre, tandis qu'il est d'un jaune vif alors qu'il est acide.

La solution étant faite, on y plonge les épreuves à mesure qu'elles sortent du châssis à reproduction : il faut les plonger autant que possible d'un seul coup et surtout les y laisser sans bulles qui tachent infailliblement en brun marron indélébile. Évitez de même qu'une partie de l'épreuve émerge du bain, elle se tache aussi au contact de l'air : il est avantageux que le bain soit abondant et la cuvette large et profonde.

Il ne faut pas mettre à la fois, dans le bain, une trop grande quantité d'épreuves, parce que chacune d'elles est imprégnée d'azotate d'argent qui lui-même est acide puisque nous le prenons cristallisé, et qui par conséquent pourrait acidifier le bain, produire le dépôt de soufre et jaunir les épreuves, ce qui est un mauvais résultat, pour les portraits surtout. Il existe des papiers dans le commerce avec lesquels ce résultat est inévitable ; heureusement on peut essayer un remède qui réussit quelquefois et que nous indiquerons plus loin

L'épreuve immergée dans le bain ci-dessus perd ses tons bleus violacés pour prendre une couleur jaunâtre et vineuse des plus désagréables : en ce moment, si on la regarde par transparence, elle présente un aspect appelé *poivré* qui consiste en un mélange de parties transparentes et de parties opaques. On croit que cet état est produit par le chlorure d'argent inégalement enlevé ; quoi qu'il en soit, au moment où la feuille est uniformément transparente, elle doit être retirée, l'épreuve est fixée. Dès cet instant le virage simultané produit par le chlorure d'or sera fait, ou bien avancé, et il n'y aura pas d'inconvénients, si le bain est en bon état et marche bien, à y laisser l'épreuve jusqu'à ce qu'elle ait pris la couleur qu'on désire. On peut s'arrêter à un ton violacé un peu rouge ; en séchant il augmentera d'intensité sans prendre une couleur trop noire ou surtout trop bleue. Si on laisse l'épreuve trop longtemps dans le bain, elle devient grise, passée, et presque toujours les blancs prennent un ton jaune. Il faut donc, pour ce genre de travail, une surveillance intelligente et incessante.

Le bain indiqué ci-dessus peut fixer en une ou plusieurs fois 24 épreuves 18 × 24.

Lorsque l'image a atteint la coloration préférée, on sort la feuille de l'hyposulfite, on la lave de suite dans deux eaux destinées à enlever l'hyposulfite ruisselant à la surface, puis on la plonge dans une troisième eau abondante qui, elle, dissoudra l'hyposulfite dont la feuille est imprégnée. Au bout de quelques heures on changera cette eau, l'épreuve y restera au moins pendant six heures, au bout de ce temps elle est fixée, et en laissant égoutter la feuille au-dessus d'une solution très-limpide de bichlorure de mercure, aucun trouble ne se manifestera; le contraire aurait lieu si l'eau contient encore des traces d'hyposulfite, auquel cas on continuerait les lavages.

§ 8.

Autre méthode de virage. — Formule. — De l'hyposulfite double de soude et d'or. — Formule du bain ammoniacal. — Manière d'opérer.

On est convenu de regarder comme les plus solides les épreuves ainsi fixées et virées dans des bains neufs et non sulfurants, et cependant nombre de celles-ci ont passé, et nous en avons qui, fixées depuis des années dans des solutions anciennes et acidulées exprès, ont donné des tons magnifiques et une fixité qui semble indéfinie. Il ne faut pas se dissimuler que l'inconnu, malgré les recherches chimiques, nous entoure de toute part, et qu'il n'est pas étonnant que nous ne sachions pas pourquoi une épreuve est solide ou fugitive, puisque nous ne savons pas au juste quelle est la matière qui la forme. Nous savons bien que la feuille fixée contient une très-minime portion (à peine 4 pour 100) de l'argent employé à sa formation ; nous nous persuadons que cet argent modifié d'une manière inconnue par l'hyposulfite et l'or qui le recouvre ou s'y combine (on ne sait pas), forme les noirs de l'image ; mais ces hypothèses ne sont guère fondées puisque nombre d'épreuves solides, quoique fixées avec soin, présentent autant d'argent aux réactifs dans les blancs que dans les noirs.

Il existe encore plusieurs autres méthodes pour virer et fixer les images positives ; nous en décrirons trois que nous mettons également en usage.

Dissolvez dans :

Eau distillée.	400 grammes.
Hyposulfite de soude.	4 —

Dissolvez à part dans :

Eau distillée.	400 grammes.
Chlorure d'or.	1 —

Mêlez le second liquide au premier en ayant soin d'agiter.

Versez une certaine quantité, 100 grammes, par exemple, de ce bain dans une cuvette de porcelaine, ajoutez-y 5 pour 100 d'ammoniaque liquide. Plongez vivement, sans la laver, la feuille au sortir du châssis dans ce bain ; surveillez et enlevez rapidement, parce que la réaction est active et la coloration intense : l'image ne perd pas et prend un ton qu'elle gardera.

Ayez à côté de vous une cuvette d'eau pure dans laquelle vous plongerez l'épreuve pour l'arrêter dès qu'elle aura atteint le ton que vous désirez ; jetez-la alors dans un bain de :

Eau distillée.	100 grammes.
Hyposulfite de soude.	12 —
Ammoniaque liquide.	2 —

La portion de bain d'or employé doit être épuisée sur-le-champ au moyen d'un nombre d'épreuves suffisant, parce qu'elle ne se conserve pas une fois la réaction commencée, aussi n'en faut-il distraire du flacon-mère que la quantité utilisable au moment même, et ne pas la reverser dans la portion encore intacte.

<h2 style="text-align:center">§ 9.</h2>

Troisième méthode. — Formule. — Chlorure d'or acide. — Bain difficile à conduire. — Manière de blanchir les épreuves devenues jaunes.

La seconde méthode consiste à plonger au sortir du châssis la feuille dans :

Eau ordinaire.	100 grammes.
Hyposulfite de soude.	20 —

L'épreuve doit être extrêmement poussée afin que, dégorgée rapidement dans ce bain, les noirs gardent encore une très-grande intensité et même un aspect métallisé.

On lave à plusieurs eaux abondantes et on plonge dans :

Eau distillée.	1000 grammes.
Chlorure d'or acide (jaune).	1 —

La coloration marche très-rapidement, mais la dégradation de l'image marche aussi vivement en sens inverse : il faut donc se hâter de sortir l'épreuve et de la laver. Ce bain tend à donner des tons bleus froids et désagréables ; il faut arrêter la coloration alors qu'elle est encore rougeâtre, la précipitation de l'or emporté continue même dans l'eau de lavage, et l'épreuve arrive au ton cherché noir violacé.

On produit quelquefois par cette méthode des tons magnifiques ; mais, à cause de l'activité dévorante du bain d'or, il est si difficile de calculer juste et l'action colorante et l'action dépouillante simultanée, qu'on se trompe souvent. Son application la meilleure est l'utilisation, quand on ne peut faire autrement, de papiers à encollage acides qui détruisent le bain d'hyposulfite et d'or mêlés et ne permettent pas aux images d'y virer sans jaunir. Nous avons eu des papiers sous l'influence desquels le bain était toujours décomposé et devenait laiteux. On reconnaît facilement ce défaut, même quand le bain ne serait qu'à peine troublé, ce qui ne se voit pas toujours quand il est plein d'épreuves, à la coloration que prennent celles-ci; les grands noirs deviennent noirs bleus, les demi-teintes restent rouges jaunâtres, la coloration s'arrête là, et si vous prolongez le séjour dans le bain, les blancs jaunissent, l'image ne se complète pas et elle reste à deux teintes.

La troisième méthode de fixage est celle-ci : au sortir du châssis positif, plongez la feuille impressionnée dans un bain abondant de :

Eau ordinaire. . . . . 100 grammes.
Chlorure de sodium.   3   —

De cette manière tout l'azotate d'argent demeuré libre à la surface du papier et dans l'intérieur de ses fibres sera transformé en chlorure d'argent parfaitement soluble dans l'hyposulfite de soude. Cette cuvette doit être couverte d'un objet opaque, afin que la lumière n'atteigne pas les feuilles imprégnées de chlorure d'argent sensible. Sortez, au bout de 10 à 15 minutes, la feuille de ce bain et plongez-la sans la laver dans un bain de :

Eau ordinaire. 100 grammes.
Hyposulfite de soude. 15   —

Le dépouillement commence immédiatement : le ton rouge violet qu'avait pris l'épreuve passe au jaune sale et au brun, en dix minutes la feuille est transparente, le poivré est enlevé. Quand ce résultat est atteint, portez la feuille dans un bain ainsi composé :

Eau ordinaire. . . . . 100 grammes.
Hyposulfite de soude. 8   —
Chlorure d'argent noirci. . . . . à saturation.
Acide acétique. . . . . 1 goutte.

On précipite du chlorure d'argent sur un filtre en y versant une solution de nitrate d'argent et une solution de chlorure de sodium : on ouvre le filtre au soleil, on fait parfaitement noircir et on dissout dans l'hyposulfite ci-dessus.

Il faut que ce bain soit le moins acide possible ; on y laisse flotter un papier bleu de tournésol ; il faut seulement qu'il soit au rose tendre.

L'épreuve, au bout de peu de temps, mise dans ce bain, commence à virer : sa coloration marche d'autant plus vite qu'on la fait plus souvent sortir du liquide pour donner accès à l'air à sa surface. En 15 minutes à peu près elle a atteint un ton noir violet fort riche qui arriverait au noir absolu en la laissant assez de temps. Mais il est probable que le fond du papier contracterait une teinte jaune à ce séjour prolongé.

Lorsque l'épreuve est arrivée au ton désiré, plongez-la dans plusieurs cuvettes d'eau ordinaire successivement. Ces lavages doivent, comme pour toutes les autres méthodes, être faits consciencieusement. Quoiqu'on ait dit que ce genre de virage altère la solidité des images, nous en avons un grand nombre qui se conservent sans la moindre altération. Son emploi le plus habituel est pour le papier albuminé.

Voici la méthode de blanchir quelques épreuves venues jaunes. Prenez dans un peu d'eau distillée un petit morceau de cyanure de potassium très-pur ; dissolvez-le et projetez-y des paillettes d'iode métallique jusqu'à saturation, c'est-à-dire jusqu'à ce que vous voyiez apparaître une légère coloration jaune.

Mettez une goutte de cette liqueur dans un litre d'eau, plongez-y rapidement les épreuves à blanchir ; ne laissez pas enlever les demi-teintes et arrêtez par un lavage abondant et prolongé.

§ 10.

Nouveau tirage au chlorure d'or alcalin.

Nous avons découvert et composé depuis la première édition de ce livre, avec un grand succès, un bain vireur dans lequel le chlorure d'or arrive nécessairement à l'état neutre, c'est-à-dire à l'état de chlorure double d'or et d'ammoniaque.

$$Au^2 Cl^3 + Az H^3 HCl + 2 HO.$$

En le composant ainsi :

Eau filtrée bien pure...............	1000 grammes.
Hyposulfite de soude...............	150 —
Chlorhydrate d'Ammoniaque.........	56 —
Chlorure d'or...................	1 —

Il faut commencer par mettre à part 100 grammes d'eau, y verser le chlorhydrate d'ammoniaque, en remuant au moyen d'un agitateur de verre : on ne pourra dissoudre ainsi qu'une portion du sel, un excès est nécessaire. Ajoutez alors le gramme de chlorure d'or qui colorera la liqueur en jaune-paille et se dissoudra d'autant plus difficilement que l'on aura pris moins d'eau pour faire fondre le sel ammoniac dont l'excès sera plus grand.

Versez alors dans ce mélange, et goutte à goutte, de l'ammoniaque liquide jusqu'à ce que la coloration jaune ait disparu ; versez 2 ou 3 gouttes en excès.

Pendant ce temps l'hyposulfite a été mis à fondre dans le surplus de l'eau, soit 900^{cc} ; mêlez la dissolution de sel d'or ammoniacal à celle d'hyposulfite en agitant celle-ci vivement ; il apparaît une fugitive coloration feuille-morte à l'endroit où l'on verse, elle disparaît de suite en remuant toujours et le bain reste composé d'un liquide incolore d'autant plus limpide que les substances ont été employées à un plus grand état de pureté.

Pour se servir de ce bain de virage, il faut commencer par fixer l'épreuve dans le bain suivant neuf :

Hyposulfite de soude.	15 grammes.
Chlorhydrate d'Ammoniaque	5 —
Eau.	100 —

Ce qui dépouillera complètement les empâtements de l'épreuve et la fixera, mais avec un ton jaune rouille désagréable. En plongeant quatre à cinq Quarts de feuilles Saxe grand format, dans 2 litres de ce bain et y remuant sans relâche les épreuves pour donner accès à l'air, il faut de 10 à 15 minutes pour que le papier soit bien transparent et exempt de poivré.

On sort alors les épreuves de ce bain sans les laver et on les plonge dans le liquide vireur composé plus haut. Au bout d'une à deux minutes on voit les noirs se renforcer et le dépôt d'or marcher régulièrement des parties noires aux demi-teintes de plus en plus claires.

Il faut cependant craindre que les parties très-noires accumulant trop d'or ne passent aux tons bleus beaucoup moins agréables et plus froids que la couleur violette que produit un précipité moyen. On attendra donc que les grandes demi-teintes soient violacées, on sortira l'épreuve et sans la laver (elle aura en ce moment deux tons, violet et rougeâtre) on la plongera dans un bain d'hyposulfite vieux, où on la lavera sans relâche : au bout de quelques minutes, les demi-teintes les plus faibles seront virées,

On la sortira alors pour la laver en remuant toujours dans trois ou quatre eaux bien pures : on laissera baigner deux heures, on lavera encore et l'on pourra sécher. La feuille sera parfaitement débarrassée des sels solubles qu'elle renfermait.

Ce virage présente l'avantage dû au léger excès d'ammoniaque libre qu'il contient, de blanchir le papier, même un peu jauni par une longue exposition, que l'on y plonge. Son inconvénient, car il existe toujours un revers à chaque chose, est d'agir sur l'encollage du papier et de l'enlever légèrement, cependant pas assez pour entraver les manipulations et ôter à la feuille la consistance qu'elle doit avoir, mais assez pour lui faire prendre un aspect demi-transparent dans l'eau, aspect qui fait croire au premier coup d'œil que l'image a traversé le papier.

Au séchage, l'opacité de la feuille revient complète.

Il ne faut pas chercher, dans le bain neuf, à faire disparaître les parties des grands noirs où le chlorure d'argent est passé au vert vif ou même au vert feuille-morte, la précipitation de l'or dans le bain vireur enlèvera dès l'abord cette coloration en recouvrant la couche qui la produit, ce sera la première action que présentera ce bain.

Que l'on ne s'étonne pas du peu de temps que nous recommandons pour laisser séjourner dans l'eau les épreuves fixées et virées. Tout dépend de la manière dont les quatre lavages sont faits. En somme, que faut-il ? renouveler le plus possible les surfaces d'eau qui touchent la feuille et y dissolvent chaque fois une petite portion de sel : en lavant donc par un retournement continuel, on accélère énormément le travail, et de plus on évite une réaction que je n'explique pas mais qui se présente trop souvent malheureusement ; c'est qu'on voit une épreuve parfaitement virée par les méthodes ordinaires et laissée 24 heures dans l'eau, offrir quand on la sort, des demi-teintes jaunes entièrement sulfurées. Et elles ne l'étaient pas, au moins d'une manière visible, au sortir de l'hyposulfite.

Plus on abrégera le temps des lavages, pourvu que les sels solubles soient extraits, et plus on aura de chances de conserver blanc-pur le papier et les demi-teintes faibles de l'épreuve : j'ajouterai, plus on aura la certitude que la fixité future de l'image sera complète. Car il a été démontré que l'action de l'humidité est destructive des images positives par les sels d'argent, et quand même, après un séjour de 24 heures dans l'eau, on n'apercevrait pas de sulfuration, le travail de décomposition peut être latent et se manifester en suite avec une grande énergie.

Si l'on craint que l'activité du bain virant soit trop grande, et que, pour des épreuves à grandes oppositions, le précipité d'or sur les grands noirs, soit trop intense alors que les faibles demi-teintes scraient encore rousses, il faut modifier la proportion ainsi :

Eau filtrée bien pure.	1000 grammes.
Hyposulfite de soude.	40 —
Chlorhydrate d'Ammoniaque.	15 —
Chlorure d'or.	0gr,25.

Le bain s'épuise quatre fois plus vite, mais on le remplace plus souvent, et l'effet à obtenir est plus certain que par un bain vieilli et concentré avec lequel on doit toujours craindre la sulfuration des épreuves.

Mettre dans ce cas-ci, seulement 50 grammes d'eau à part pour dissoudre le chlorure d'ammoniaque d'abord et d'or ensuite, afin de conserver un excès du premier avant la dissolution du second.

§ 11.

Du papier albuminé. — Manière de le faire. — Bain sensibilisateur. — Virage au sel d'or très-lent. — Vieux bain acidulé.

Lorsqu'il est utile d'obtenir d'une épreuve négative toute la finesse qu'elle peut donner, par exemple pour des reproductions micrographiques, des épreuves stéréoscopiques, etc., il faut employer le papier albuminé. S'il a des avantages, il a aussi de grands inconvénients ; sa surface luisante n'est pas un des moindres.

Pour préparer cette albumine, on met dans une capsule de porcelaine, suivant qu'on désire plus ou moins de brillant :

Blancs d'œufs.	100 cent. cubes.
Eau distillée.	25 —
Hydrochlorate d'ammonique.	4 grammes.

ou bien :

Blancs d'œufs.	100 cent. cubes.
Eau distillée.	100 —
Hydrochlorate d'ammoniaque.	7 grammes.

On bat en neige les blancs d'œufs au moyen d'une fourchette de bois et on laisse reposer une nuit. L'albumine claire se rassemble sous la mousse, on la décante et on étend à sa surface le papier pendant 30 secondes. Il est très-important qu'il ne se forme pas de bulles et qu'en le relevant on n'en entraîne pas sur la feuille. **En** séchant, ces bulles forment des traces rondes ou contournées qui persévèrent toujours et, prenant des aspects irisés désagréables après le fixage, gâtent souvent une bonne épreuve.

La feuille, suspendue et séchée, se conserve au sec et tend à se rouler si l'on ne la met dans un portefeuille fermé et appliquant bien.

Pour la sensibiliser, posez-la 10 minutes au moins sur un bain de :

Eau distillée. . . . . 100 grammes.
Azotate d'argent cristallisé. 20   —

Évitez avec soin les bulles d'air qui marquent des traces. Relevez d'un mouvement égal, suspendez et laissez sécher. L'impression lumineuse complète est plus lente que sur le papier simplement salé, et comme la couche est tout à fait superficielle, l'épreuve semble avoir acquis assez vite l'intensité nécessaire ; mais l'image perd plus au passage de l'hyposulfite, il convient donc de la tirer beaucoup plus intense qu'elle ne doit être une fois fixée.

Mettez au même bain que le papier simplement salé :

le virage de l'albumine au sel d'or est très-long, et ce séjour prolongé dans l'hyposulfite fait souvent contracter au papier une teinte jaune désagréable.

On obvie à cet inconvénient en se servant, comme nous venons de le décrire, d'un bain d'argent chargé de chlorure noirci et légèrement acidifié par quelques gouttes d'acide acétique. On y plonge l'épreuve après l'avoir préalablement passée suffisamment de temps dans un bain d'hyposulfite neuf à 20 pour 100 pour la débarrasser du chlorure d'argent non impressionné.

De cette manière le papier reste blanc et l'image prend un beau ton noir violet très-agréable.

Le bain d'argent se colore en brun ou en noir par suite du contact de l'albumine. On lui rend sa limpidité en y projetant du kaolin pulvérisé et secouant le flacon. Le kaolin se précipite entraînant avec lui les flocons colorés.

SIXIÈME PARTIE.

DES ÉPREUVES POSITIVES SUR PAPIER

PAR LES SELS D'URANE.

§ 1er.

Préliminaires.

Nous devons à l'amitié de M. Niepce de Saint-Victor la faveur d'avoir, dès le début, assisté à ces expériences, et aux recherches laborieuses qui l'ont amené à la magnifique découverte dont nous pouvons aujourd'hui indiquer la méthode provisoire aux opérateurs. Mais avant tout nous devons payer à M. Niepce de Saint-Victor notre tribut d'admiration, dû au désintéressement et à la générosité dont il a fait preuve en laissant tomber dans le domaine public une invention qui, habilement exploitée, pouvait être une fortune. C'est sous son inspiration que nous avons écrit la plupart des remarques suivantes, dont une partie se trouvait implicitement dans le rapport présenté par M. Chevreul à l'Institut, le 1er mars 1858; c'est sous sa dictée que nous avons essayé les premiers dosages et composé les premiers bains. Nous donnons donc le travail du maître et le résultat en même temps de notre expérience, et des modifications que nous avons déjà introduites dans les manipulations et les dosages primitivement essayés. Il est probable que nous changerons encore plusieurs fois avant de trouver le point où l'on s'arrêtera. Espérons que nombre d'autres chercheurs nous aideront de leurs perfectionnements et de leurs découvertes.

§ 2.

De l'azotate d'urane. — Sa formule atomique. — Manière de l'obtenir. — Action de lumière sur ce sel.

L'azotate d'urane, qui est la base de ce procédé photographique, est un sel acide, de couleur jaune verdâtre que le commerce livre en cristaux irréguliers, semblables, sauf la couleur, à ceux de l'hyposulfite.

Sa formule anatomique est :

$$U^7 O^3, Azo^5 + 6HO.$$

C'est, par conséquent, un azotate de sesquioxyde d'uranium. Il contient, comme l'indique sa formule, une abondante eau de cristallisation ; et, en effet, elle suffit pour qu'il y fonde. Il se prend, après l'avoir abandonnée en une masse cristalline. L'azote d'urane est soluble dans l'éther presque autant que dans l'eau, cette propriété devrait faire supposer que ce sel pourrait être directement appliqué au collodion, ce qui est vrai : mais le résultat ne produit pas la rapidité qu'on désire ; force sera donc de chercher une autre combinaison neutre de l'uranium, pour le faire entrer dans les dosages à créer d'un collodion nouveau et propre à mille usages. Nous possédons plusieurs sels doubles, en ce moment à l'étude et promettant les plus heureux résultats.

Pendant que nous parlons de ce métal, disons qu'on le trouvait en poudre ou paillettes argentées, mais à cet état il était très-rare, parce que, pour le retirer du chlorure, il fallait l'intervention du potassium, qui lui-même était fort cher ; mais, depuis ces derniers temps, la découverte et les usages croissants de l'aluminium ayant forcé à fabriquer en grand le sodium et le potassium, le prix de ce dernier a beaucoup diminué, et par conséquent nous aurons bientôt pour nos besoins les sels d'uranium à un prix très-modéré.

Il résulte des expériences de M. Niepce que la lumière agit sur l'azotate et sur tous les sels d'urane d'une façon analogue. Pour l'azotate elle le rend insoluble dans les parties qu'elle a frappées. Par conséquent il est utile de tenir les flacons et les dissolutions à l'abri de la lumière ;

cependant, il est certain que les cristaux eux-mêmes, ou leur cristallisation après évaporation sur une lame de verre, sont absolument insensibles à l'action de la lumière.

Il est également indispensable que le papier que l'on emploie ne soit pas collé et qu'il ait été soustrait depuis plusieurs jours au moins à l'action de la lumière, en le renfermant dans un carton ou dans un tiroir. Sans ces précautions, les parties insolées se maculeraient sous l'action de l'azotate d'argent, ainsi qu'on en voit le rapport dans le mémoire cité plus haut.

M. Niepce a décrit sommairement la manière de faire trois genres d'épreuves positives : à l'azotate d'argent seul, au chlorure d'or acide et au bichlorure de mercure. Nous allons passer ces trois manières en revue.

§ 3.

Épreuves par l'azotate d'argent. — Formule. — Du bain d'urane. — Immersion du papier. — Séchage. — Exposition à la lumière. — Opération délicate. — Apparition par le bain d'argent. — Sa formule. — Lavages. — Précautions à prendre. — Accidents divers.

Dissolvez dans :

Eau distillée. . . . . 100 grammes.
Azotate d'urane. 20   —

Filtrez cette solution de couleur jaune d'or et conservez à l'obscurité dans un flacon bouché à l'émeri : immergez-y le papier 5′ ou placez-le à sa surface : dans un cas comme dans l'autre, la solution pénétrera la substance même du papier de part en part. Il nous semble cependant que le but à atteindre sera de maintenir l'azotate d'urane à la surface ou au plus dans la demi-épaisseur de la feuille ; l'épreuve n'aura plus alors autant de tendance à être un peu voilée par les peluches de papier.

Suspendez à l'air libre et à l'obscurité : en cet état le papier se conserve indéfiniment. Cette opération peut, à la rigueur, se faire à la lumière diffuse et affaiblie du jour, mais il est à craindre que les épreuves n'en soient que plus voilées.

Exposez sous un négatif 1′ à 10′ au soleil, 15′ à 60′ à l'ombre ou par un temps couvert. En moyenne 3′ à 5′ au soleil suffisent à travers un négatif sur collodion d'opacité ordinaire. Dans les jours de printemps nous en avons fait en 1′, et par un beau soleil d'été, on les fera certainement en quelques secondes. Du temps de pose dépend la beauté de l'épreuve, et c'est sans contredit la partie la plus délicate du procédé ; il faut poser assez, mais rester plutôt en dessous, parce qu'en prolongeant un peu le séjour aux bains révélateurs, l'image gagne en éclat. La teinte jaune du papier doit être au moins *citron ;* en le passant deux fois sur le bain, on augmente la dose de sels d'urane qu'elle contient, et la sensibilité dans la même proportion. Les expériences comparatives ne laissent pas de doutes à cet égard. Cette teinte s'altère aux endroits frappés par la lumière et passe au brun rouge faible, cette coloration est plus apparente en transparence qu'à la surface ; son degré d'intensité sert presque toujours (mais pas absolument) à juger du degré d'avancement de l'impression lumineuse. Nous avons sur ce point rencontré une grande indécision qui tient probablement à la nature de l'encollage des pa-papiers. Pour être dans de bonnes conditions, l'image, au sortir des châssis, doit être peu visible, elle peut également bien se développer au bout de 24 heures ou 48 heures, gardée à l'obscurité absolue.

Plongez rapidement au bain suivant :

Eau distillée. . . . . 100 grammes.
Azotate d'argent cristallisé légèrement acide. 6   —

L'épreuve apparaît instantanément et se complète en 30″ à 40″ ; elle sort avec un ton sépia-gris qui fonce au sépia-brun en le laissant jusqu'à 10′ ; mais les blancs tendent à se teinter en même temps que les noirs, de sorte que ces épreuves ne valent jamais celles qu'un juste temps de pose produit complétement en 45″. Il faut alors les retirer rapidement, les laver à deux ou trois eaux, et elles sont fixées et inattaquables au cyanure bouillant[1]. Les chlorures et l'eau régale les altè-

---

[1]. On a plusieurs fois élevé une assertion contraire à ceci depuis le communiqué de ce travail à la Société française de Photographie. Sans doute une solution concentrée de cyanure qui emporte même le papier,

rent. S'il se forme des bulles en les mettant au bain d'argent, ne pas s'en occuper, la pénétration du liquide est si grande que la tache se comble et s'égalise sans laisser de trace ; on peut les chasser avec un petit pinceau. Nous avons essayé de laver, à l'eau distillée avant, mais nous n'y avons pas trouvé d'avantage ; au contraire, les épreuves semblent affaiblies.

Si on laisse séjourner les épreuves dans l'eau pendant plusieurs heures, elles se tachent en brun ; l'eau se décompose et il se forme un précipité brun marron qui paraît être un composé de chlorure d'argent formé par les chlorures alcalins de l'eau et de l'azotate d'urane même insolé, qui est soluble dans l'acide chlorhydrique ; un précipité semblable se produit au bout de quelques heures en versant dans un verre à expérience de l'azotate d'urane sur de l'azotate d'argent, précipité en partie en chlorure.

Quelquefois il se forme à l'envers des épreuves une myriade de petites taches rouges qui tiennent sans doute à un dépôt de cristaux d'urane flottant dans le bain. Il s'en forme quelquefois des deux côtés ne se correspondant pas, ne traversant donc pas le papier, et devant être attribués à un dépôt quelconque, Nous ne connais-

le désagrége, enlève aussi l'épreuve. Mais, ainsi que M. Niepce l'a expliqué à l'un des membres éminents, si dans une solution faible on met des preuves par l'urane et d'autres par l'argent, qu'on ajoute peu à peu du cyanure jusqu'à ce que l'une d'elles soit attaquée, ce sera toujours celle par l'argent, même fixée et virée au chlorure d'or.

sons pas encore le remède, mais le mal n'arrive que de temps à autre.

Si l'on n'acidule pas assez le bain d'argent, alors qu'on retire la feuille pour la plonger dans l'eau, les parties les plus noires, c'est-à-dire les plus impressionnées, se colorent en jaune citron ; cette coloration disparaîtra en les virant au chlorure d'or ci-après. Elle disparaît même en chauffant l'épreuve au feu vif pour la sécher, et ces parties prennent un ton noir brun très-vigoureux. Ce virage à l'or donne à toutes les épreuves qui nous occupent la couleur violacée que l'on obtient par la méthode ordinaire.

§ 4.

Épreuves par le chlorure d'or acide. — Formule. — Pose. — Développement. — Virage.

Dans 1000 grammes d'eau distillée, dissolvez 2 gr. de chlorure d'or ordinaire, additionnez de quelques gouttes d'acide chlorhydrique. Plongez l'image dans ce bain au sortir du châssis : elle apparaît instantanément, peut-être plus vite encore que dans l'azotate d'argent ; elle a des tons bleus un peu froids qui peuvent, en prolongeant beaucoup la pose, aller jusqu'au noir. Pour obtenir de l'effet, la pose doit être presque double de celle exigée pour le tirage par l'azotate d'argent.

Retirez rapidement, lavez à deux ou trois eaux ; l'é-

preuve est fixée, elle prend beaucoup de vigueur en séchant au feu.

Le véritable emploi de ce bain est de virer au violet
riche et au noir violet les épreuves lavées et développées au bain d'argent. Son action est un peu moins
instantanée et doit se prolonger pendant un temps suffisant pour que le virage soit complet, souvent dix minutes.

L'image la meilleure sera presque complétement
brune au sortir du bain d'argent. En sa qualité de chlorure dissolvant de l'azotate d'urane, même insolé, le
chlorure d'or tend à dévoiler les épreuves trop venues
ou couvertes de brume.

§ 5.

Épreuves par le bichlorure de mercure. — Formule du bain. — Donne
des tons noirs de gravure. — Manière d'opérer.

Ce sel sert à donner aux épreuves des tons noir gris,
noir vert et noir de gravure. Il faut commencer par impressionner vivement la feuille, en la soumettant à une
exposition trois fois plus longue que pour les précédentes méthodes, parce que l'azotate d'urane, comme
nous l'avons dit, étant soluble dans les chlorures, nous
tendons ici non seulement à enlever les parties préservées, mais encore les parties frappées. Prenez :

Eau ordinaire. . . . . 100 grammes.

Bichlorure de mercure à saturation, à une température de 10 degrés centigrades. S'il faisait plus chaud, la solution serait trop énergique ; on l'étendrait d'eau. L'épreuve plongée dans ce bain se décolore au bout de 2 à 3 minutes : elle est à son point quand le papier est devenu blanc. On lave avec soin, on passe au bain d'argent ; l'image se révèle lentement et se renforce d'une manière continue pendant 10 à 15 minutes : plus elle reste, plus elle devient noire ; cependant, à un certain point, elle demeure stationnaire et se cendre. Elle met d'autant plus de temps à se révéler qu'elle en a mis davantage à se décolorer dans le bichlorure.

Lavez à plusieurs eaux et l'épreuve est terminée.

§ 6.

Pose trop longue. — Papier déjà salé. — Papier gélatiné et albuminé. — Formule du bain de gélatine. — Gélatine uranée sur glace. — Propre à la gravure. — Gomme uranée. — Collodion urané. — Manière d'opérer.

Si la pose a été trop longue ou le séjour trop prolongé dans le bain d'argent, et que les blancs de l'épreuve soient voilés, on peut les décolorer en lavant l'épreuve avec une eau très-faiblement chargée d'acide chlorhydrique. Il se formera un peu de chlorure d'urane entièrement soluble.

l'on se servait de papiers positifs déjà salés, on

obtiendrait des tons roux et des fonds jaunes. On a, du reste, une décomposition de l'azotate d'urane en présence du chlorure et de l'eau. L'acidité de l'azotate d'urane coagule immédiatement l'albumine dans laquelle on le verse. Par conséquent, on ne peut, jusqu'à présent, se servir de glaces albuminées, mais on peut se servir de papier albuminé et gélatiné. Nous nous sommes servi de papier Saxe posé 5 minutes sur gélatine tiède à 5 pour 100 d'eau, et sur albumine de même, qu'on laisse flotter 10 minutes sur le bain d'azotate d'urane à 20 pour 100. L'épreuve est beaucoup plus superficielle que dans l'autre méthode, elle semble aussi plus vigoureuse et plus fine : elle offre ce fait remarquable qu'elle n'apparaît pas sur la couche de gélatine au sortir du châssis positif, mais elle se développe aussi rapidement au bain d'argent et se vire au sel d'or avec les mêmes tons violets. Le papier gélatiné permet la retouche, celui albuminé ne la souffre pas.

L'azotate d'urane se mêle bien à la gélatine sur glace, il peut et doit remplacer le bichromate de potasse dans ces applications à la lithographie et à la gravure, parce qu'il donne des reliefs très-purs et très-fins ; il servira également à la gravure, parce que les parties devenues insolubles peuvent être rendues solides et inattaquables, et dès lors permettre la morsure. Joint à la gomme et à la gélatine et coulé sur une glace, il donne des épreuves par contact extrêmement fines et belles, mais dont le fixage dans les bains est difficile, à cause de la solubilité de la couche subjacente et de son peu de ténacité.

Tous ces procédés, que nous n'avons pu qu'effleurer et que nous n'avons pas eu le temps d'approfondir, seront le sujet d'études prochaines, dont nous nous empresserons de publier les curieux résultats. On peut dissoudre directement l'azotate d'urane dans du collodion non sensibilisé. En prenant du pharmaceutique à 3 pour 100 de pyroxyde, on a une couche plus épaisse et une image plus intense. On laisse sécher le collodion, sans mouiller, bien entendu, et on tire par contact des positifs d'une finesse admirable qui s'appliqueront parfaitement aux épreuves stéréoscopiques transparentes. On peut encore laisser sécher du collodion non sensibilisé sur la glace, la plonger 10 minutes au bain d'azotate d'urane à 20 pour 100, laisser sécher et agir de même : l'image est un peu moins intense.

Pour composer un collodion rapide, il faudra trouver un sel neutre ou alcalin d'urane, parce que l'excès d'acide azotique de celui-ci doit retarder l'action sur le collodion, un sel composé d'urane et d'ammoniaque, ou d'uranium et d'iode, qui, plongé au bain d'azotate d'argent, formerait de l'iodure d'argent, de l'azotate d'urane. Peut-être même le temps des iodures, bromures et chlorures est-il fini et allons-nous voir les composés de l'uranium se substituer à eux et nous donner les résultats plus remarquables encore que ceux obtenus jusqu'ici.

§ 7.

Second mémoire. — Moyen de combattre le voile plucheux. — Réflexions diverses.

Nous conservions quelques doutes, lors de nos premières expériences et par la rédaction de notre premier mémoire, que les épreuves de ce procédé pussent être jamais exemptes du voile plucheux qui recouvrait presque constamment leur surface. Ce défaut venait uniquement du manque d'équilibre entre les préparations, et aujourd'hui que plus de pratique nous a fait trouver de meilleurs dosages, nous pouvons affirmer que les épreuves obtenues par l'azotate d'urane sont au moins aussi pures, aussi dépouillées et aussi belles que celles obtenues par le chlorure d'argent et l'hyposulfite. Elles ont sur celles-ci l'avantage d'être faites et complétement prêtes à être montées en 15′ à 20′, avantage énorme et que surtout les photographes de profession apprécieront : elles vont désormais, grâce à cette rapidité (et ce sera un grand bienfait), remplacer les épreuves sur verre positif, épreuves si peu artistiques et généralement livrées au public à un bon marché extrême, mais dans les conditions les plus déplorables de fabrication, et qui, sans parler de leur fragilité, ont presque tous les défauts de la plaque, sans une seule de ses qualités. Avec les nouveaux bains ci-après, le prix de revient sera presque aussi abaissé, et au moins le public pourra exiger des épreuves dans de bonnes conditions et facilement transportables.

Voici donc une première manière d'opérer :

§ 8.

Choix du papier.

Prenez un papier très-épais : Turner ou Wathmann font très-bien, Saxe de même, le bristol est excellent. Évitez, quel qu'il soit, de le toucher avec les doigts ; renfermez-le huit à quinze jours dans un carton ou un tiroir obscur. Évitez de placer sur des feuilles *insolées par hasard*, des feuilles passées au premier bain, parce que la feuille frappée par la lumière impressionnera l'autre et vous aurez une trace au bain révélateur.

§ 9.

Bain sensibilisateur *ad libitum*. — Formule. — Manière de l'employer. — Inflammabilité du papier urané.

Eau distillée. 100 grammes.
Azotate d'urane. . . . . 15 —

Ce bain sert jusqu'à épuisement et ne s'affaiblit pas, puisqu'il ne s'exerce à sa surface qu'une action de capillarité. Filtrez avant de vous en servir. Il s'agit, tout en étendant à la surface du papier une couche impressionnable très-homogène, de ne pas laisser au liquide le temps de pénétrer dans la substance même de la feuille, afin que l'image reproduite reste le plus possible extérieure. En conséquence, placez la feuille à la surface du bain *sans bulles* deux minutes au plus, ou ce qui vaut mieux une minute deux fois de suite en séchant au feu entre chaque. Il est certain qu'en séchant rapidement au feu le papier sensibilisé, on *augmente* la sensibilité. Il faut faire attention que ce papier est *très-inflammable*, ce qu'il doit à l'azotate d'urane qui l'imprègne; il brûle à un centimètre d'une plaque chauffée à 50°, et se rougit avec une facilité proportionnelle.

§ 10.

2° Bain sensibilisateur. — Formule avec l'oxyde d'urane. — Manière de le préparer.

Eau distillée.	100 grammes.
Acide azotique.	12,65 = 5 + 7,65.
Oxyde d'urane.	à saturation.

A la température de 15°, cette eau accidulée à 5 pour 100 dissout 8 grammes d'oxide; portée à +100°, elle en dissout 20 grammes, avec addition de +7,65 d'acide. A ce moment, je conserve un léger excès d'oxyde pour avoir la liqueur la moins acide possible. Pour ce bain, comme pour le précédent, il faut se régler sur l'épaisseur du papier : la sensibilité étant d'autant plus grande que la couche d'azotate d'urane est plus épaisse à la surface ; on craindra plus la pénétration si on se sert de papier plus mince, on craindra moins en présence du bristol.

Ces deux bains ne donnent pas la même teinte aux épreuves, le dernier fournit, après le passage au bain d'argent révélateur, un ton plus violacé analogue au virage produit par un bain d'or un peu faible.

L'oxide d'urane du commerce contient souvent des corps étrangers, particulièrement deux métaux : le cuivre et l'arsenic. Leur présence dans la couche insolée a pour effet une grande diminution de sensibilité, et donne la clef des tons si divers que peuvent prendre les épreuves.

Pour chasser ces métaux, il suffit de faire passer dans la liqueur un courant de gaz hydrogène sulfuré, qui précipite les deux métaux à l'état de sulfure, on filtre, et la solution d'azotate d'urane est pure.

Il est important que la solution contienne le moins possible d'acide nitrique libre par ce fait, que quand, après l'insolation, vous appliquez la solution argentifère relative, l'argent est réduit par la reconstitution du peroxide d'urane qui, pour changer l'état de protoxide où il était descendu, a besoin d'absorber de l'oxigène. Si au lieu de cela un oxidant aussi énergique que l'acide nitrique est en présence, il fournira à la réaction et l'oxide d'argent ne sera pas réduit.

§ 11.

3° Bain sensibilisateur. — Formule par le chlorure double d'uranium et de potassium. — Réaction dans le bain d'argent. — Passage à l'ammoniaque. — Impression un peu plus longue.

Nous avons essayé le chlorure double d'uranium et de potassium. C'est un sel jaune pâle, en cristaux irréguliers, légèrement déliquescent et un peu acide. Beaucoup moins soluble que l'azotate, il ne se dissout à $+15°$ que :

Eau distillée. . . . . 100 grammes.
Chlorure d'uranium et de potassium. . . 20 — au plus.

Posez 5′ à la surface; le papier est moins jaune qu'avec l'azotate, et l'image doit être tirée avec la même intensité.

Plongé au bain d'argent, il se forme dans la feuille du chlorure d'argent, et dans le bain de l'azotate de potasse. Le chlorure d'argent que contient le papier s'impressionnerait très-facilement à la lumière et ferait noircir la feuille. En sortant donc du bain révélateur, l'image est rougeâtre; on la lave dans plusieurs eaux pendant dix minutes, puis on la plonge dans :

Eau distillée. . . . . 100 grammes.
Ammoniaque pur.   10   —   ;

le chlorure d'argent se dissout ; au bout de quelques minutes on retire l'image, et elle a pris une belle teinte rouge plus foncée, que l'on vire au violet dans le bain de chlorure d'or, après un bon lavage.

Sans qu'on puisse bien se rendre compte du pourquoi, on obtient avec ce sel des épreuves plus vigoureuses, mieux fouillées et plus superficielles qu'avec tout autre. Le sel double est un peu moins sensible à l'impression lumineuse, et le procédé demande un bain de plus : voilà ses inconvénients, l'opérateur appréciera.

§ 12.

Impressionnement de la feuille. — Différents temps de pose. — Sels d'urane insensibles aux rayons jaunes.

Le temps de pose est très-délicat ; cependant avec un peu d'habitude, on se familiarise assez vite avec lui. En général, il vaut mieux que la *pose soit un peu faible*, parce que l'image, dans ce cas, se renforce peu à peu dans le bain révélateur et d'une manière analogue aux images négatives ; on a donc l'avantage de pouvoir l'arrêter à temps, au moment où elle acquiert toutes ses qualités.

Pour du papier très-urané, on peut poser au soleil

de 1′ à 3′ au plus. Si l'image est trop visible (il faut, pour qu'elle soit bien, qu'elle soit peu apparente), on la virera de suite et directement au bain d'or qui dépouille beaucoup plus que le bain d'argent. Mais, dans ce cas, si le papier a été très-sensible, les blancs eux-mêmes ont subi un commencement d'action et ils restent jaunes en transparence.

De même que les sels d'argent, les sels d'urane sont insensibles aux rayons jaunes. Nous avons couvert une épreuve à moitié d'un papier noir épais, et le tout d'une feuille de verre jaune (ce qu'il y a de plus curieux c'est que cette feuille est colorée elle-même par l'oxide d'urane), et, au bout d'une journée d'exposition, la feuille n'offrait aucune image, et, plongée au bain révélateur, n'a rien produit. La disposition adoptée devait cependant nous faire saisir les traces les plus fugitives. On peut donc agir, protégé par des verres jaunes, qui forment l'obscurité pour le papier sensibilisé.

§ 13.

Bain révélateur à l'azotate d'argent. — Formule. — Bain révélateur à l'azotate de cadmium. — Bain vieux. — Formule d'un second bain révélateur donnant des tons violets. — Iode sans affinité pour l'azotate d'urane insolé.

Eau distillée. 100 grammes.
Azotate d'argent cristallisé. 2   —
Acide azotique pur. . . . . traces.

Plongez rapidement; enlevez de même les bulles avec un pinceau bien propre consacré à cet usage et trempé dans une portion du bain mis dans un verre à expérience. L'image se développe peu à peu, se renforce seule comme dans le procédé des négatifs et arrive à l'intensité voulue. Le ton est un brun roux particulier aux sels d'argent, assez désagréable.

Nous avons remarqué qu'en nous servant d'un vieux bain négatif de collodion, nous obtenions des épreuves d'une coloration gris violet analogue au sel d'or; nous avons attribué ce fait à la présence de l'azotate de cadmium, abondant dans ce bain. Nous avons dissous de l'azotate de cadmium, et en nous en servant comme bain révélateur seul, nous n'avons pas développé d'image, mais en le mélangeant au bain d'azotate d'argent, nous avons obtenu des tons gris violets assez agréables. Nous avons reconnu d'autre part que la richesse en argent du bain révélateur devait être beaucoup moins grande que celle indiquée dans notre premier mémoire, afin que l'épreuve n'apparaisse pas empâtée et se développe graduellement.

Une troisième observation a été consignée et mise à profit, c'est que les épreuves sont plus belles et viennent d'un plus beau ton dans un bain révélateur *vieux* que dans un *neuf*. Or ces bains ne diffèrent entre eux que par la quantité d'azotate d'urane qui se dissout à chaque immersion d'épreuves dans le bain d'azotate d'argent, quantité qui se manifeste assez vite par la couleur jaune qu'elle communique à ce bain. Nous avons dosé cette quantité et nous avons placé un bain neuf dans les mêmes conditions ; il a donné des résultats identiques. Enfin la présence de l'alcool semble utile.

Nous avons composé le bain suivant après de nombreuses recherches. Il développe peu à peu l'image et donne sans virages de très-beaux tons violets :

Eau distillée.	100 grammes.
Alcool à 36°.	10 —
Azotate d'argent.	3 —
Azotate de cadmium.	1 —
Azotate d'urane.	1 —
Acide azotique pur.	traces.

Il faut que tous les bains révélateurs soient acides le moins possible ; mais s'ils sont neutres ou alcalins, les épreuves sont voilées et cendrées de gris.

La présence des azotates alcalins (soude, potasse ou ammoniaque) est nuisible : on peut facilement s'en convaincre en se servant, comme bain révélateur, d'un vieux bain à papier positif. Ce bain contient en excès un azotate alcalin qui dépend de la base dont on s'est servi : l'épreuve à l'urane viendra rouge et grenue : elle pourra néanmoins être virée au chlorure d'or.

L'iode n'a pas d'affinité pour l'azotate d'urane insolé ; en révélant une image uranée au moyen de l'eau iodée, on obtient une épreuve négative blanche sur fond bleu. Ce qui prouve que l'iodure d'amidon s'est formé partout où la lumière n'a pas agi, par conséquent où l'azotate d'urane n'est pas insolé, en lavant et plongeant cette image négative au bain d'azotate d'argent l'iodure d'amidon est décomposé et dissous, le papier redevient blanc, et, la réduction commençant l'image apparait.

§ 14.

Bain révélateur au chlorure d'or. — Formule. — Exposition prolongée. — Virage.

Le bain de chlorure d'or se compose de :

Eau distillée.	1000 grammes.
Chlorure d'or ordinaire.	1
Acide chlorhydrique pur.	1 à 2 gouttes.

Pour révéler avec ce bain, prolongez l'exposition à la lumière du double, vous obtiendrez des tons bleus, et, suivant la nature du cliché, des noirs bleus assez intenses. Ce bain tend à ronger les demi-teintes, l'acide chlorhydrique qu'il contient dissolvant l'azotate d'urane même insolé ; cette action s'exerce encore, mais plus faiblement, au virage des épreuves révélées par l'azotate d'argent et dont la pose a été insuffisante. En employant un chlorure d'or neutre, le même effet se produit, mais avec moins d'intensité : on doit donc l'attribuer de préférence à la solubilité de l'azotate d'urane dans les chlorures, ou à une action particulière et encore inconnue.

Si le bain était très-acide, les épreuves seraient bleues partout et voilées, le développement en étant très-mauvais, et la teinte peu agréable.

§ 15.

Bain révélateur au bichlorure de mercure. — Formule. — Manière d'opérer.

Les épreuves obtenues par la méthode ci-dessous sont les plus belles comme effet, et les plus puissantes comme ton : seulement la manière de les obtenir est plus compliquée.

Eau ordinaire. . . . . 2000 grammes.
Bichlorure de mercure.   1   —

L'image demande à être extrêmement venue au châssis positif : c'est par erreur que nous avons dit, dans notre premier mémoire, qu'elle devait disparaître : ceci n'arrive que quand elle est trop faible. Il faut la laisser 2 à 3 minutes au plus dans le bain de bichlorure : de ce temps juste dépend la réussite : il est d'autant plus difficile à calculer que l'épreuve ne change presque pas sous l'influence de ce bain. Mais quand elle est parfaitement lavée et qu'on la plonge au bain révélateur d'azotate d'argent, on s'aperçoit de suite si l'action du bichlorure a été bien calculée ; si elle a été trop longue, les demi-teintes sont rongées ; si elle ne l'a pas été assez, l'épreuve n'est pas dépouillée et sort beaucoup trop foncée et sans détails accusés. On peut essayer alors de la dégorger au chlorure d'or. Mais quand le temps du bain de bichlorure a été bien calculé, l'épreuve prend au bain d'argent des tons noirs magnifiques. Ce développement est lent et demande quelquefois 10 minutes : il ressemble beaucoup à celui d'une épreuve négative soumise à l'action d'une solution gallique.

§ 16.

Lavages. — Manière de les conduire.

L'épreuve étant arrivée au point où elle a le plus d'éclat, retirez-la des bains. Si elle est révélée à l'azotate d'argent, passez-la d'abord dans de l'eau ordinaire, puis dans une eau légèrement ammoniacale. Ce lavage dégorge parfaitement les blancs et enlève les traces d'acide qui peuvent y exister.

Passez ensuite dans deux eaux ordinaires, en tout 10 à 15 minutes, et l'épreuve est fixée : on augmente sa vigueur en la séchant au feu vif. Si elle est fixée au chlorure d'or, en la chauffant de 60 à 80 degrés, elle prend des tons pourpres bruns, analogues à ceux du pourpre de Cassius. Les lavages peuvent être moins répétés après le chlorure d'or qu'après l'azotate d'argent, le premier abandonnant plus facilement que le second la trame du papier. Si les épreuves sont imparfaitement lavées, elles deviendront, au bout de quelques semaines, d'un rouge brique uniforme sur toute la feuille.

§ 17.

De la fixité de ces épreuves.

On agite dès à présent la question de la fixité de ces épreuves : il semble qu'elles en auront une plus grande que celles produites à l'hyposulfite. Leur résistance au cyanure de potassium même bouillant, pourvu qu'il ne soit pas concentré à désagréger le papier, est déjà une expérience chimique fort intéressante ; mais il est d'autres considérations que nous allons indiquer. Les agents destructeurs des épreuves à l'urane peuvent être appelés les agents chloreux ; les agents destructeurs des épreuves à l'hyposulfite de soude paraissent être, d'après les nombreuses expériences que l'on a faites, les agents sulfureux. Or, dans nos demeures, dans les conditions de la vie actuelle, dans le milieu où l'immense majorité des épreuves fournies par la photographie doit séjourner, les agents sulfureux sont très-communs et à chaque instant renouvelés, tandis que les agents chloreux ne peuvent pas y demeurer sans décomposition, n'y existent qu'à de très-rares intervalles, et toujours produits exprès, par conséquent de manière que l'on puisse leur soustraire les épreuves qu'ils pourraient détériorer. Ces raisons bien simples sont concluantes, mais il est un agent dont nous ne connaissons pas encore l'action, c'est l'humidité longtemps prolongée : des expériences répétées et malheureusement des faits trop nombreux ont démontré combien elle est fatale aux épreuves à l'hyposulfite; espérons, et cependant nous n'y avons pas grande confiance, que celles à l'azotate d'urane résisteront mieux. Ce sera surtout en faisant ces expériences qu'il sera important de n'agir qu'avec des épreuves parfaitement dégorgées et privées absolument du sel d'urane et d'argent qu'elles auront pu contenir.

§ 18.

Méthode par le protosulfate de fer.

Comme je l'espérais dans mon premier mémoire, nombre de chercheurs apportent leur contingent de perfectionnement, et malgré l'entêtement routinier de quelques rares détracteurs, cette méthode marche et promet de donner de magnifiques résultats.

I. *Épreuves par le protosulfate de fer.*

Dans le séance du 28 mai 1858, à la société française de photographie, M. Delahaye présente, au nom de M. Houdoy de Lille, quelques spécimens d'épreuves obtenues par l'azotate d'urane.

17

Les épreuves faites par M. Houdoy ont, sur celles qui ont généralement été obtenues par l'azotate d'urane, cette grande supériorité que l'image est plutôt à la surface du papier que dans la pâte, de sorte que, au lieu de gagner à être vues par transparence, elles montrent une grande supériorité par réflexion.

Depuis la bienveillante communication qu'a bien voulu me faire M. Houdoy, j'ai été à même de répéter, et toujours avec succès, les mêmes expériences : il est probable qu'on obtiendrait une grande variété de tons en essayant d'autres agents que le protosulfate de fer dont s'est servi M. Houdoy pour ses recherches : c'est une nouvelle voie déjà riche d'avenir ouverte à l'investigation des photographes. Voici le procédé.

Je prépare, dit M. Houdoy, mon papier à la gélatine et à l'azotate d'urane, suivant la méthode indiquée par M. de la Blanchère. Après l'exposition au soleil, comme agent révélateur, je me sers du bain d'acéto-nitrate d'argent dont on fait usage pour les épreuves négatives sur papier. L'exposition au soleil varie, suivant la nature du cliché, depuis une minute jusqu'à dix; elle doit être assez longue pour que l'épreuve apparaisse après trente à quarante secondes sur le bain d'acéto-nitrate; je la retire alors pour la poser sur le bain suivant :

Eau.	100 grammes.
Protosulfate de fer.	8 —
Acide acétique.	2 —

L'image acquiert sur ce bain une grande vigueur et sort pour ainsi dire de la pâte du papier pour apparaître à la surface. En effet, les épreuves au nitrate d'urane qui n'ont pas subi cette réaction ne sont bonnes que vues par transparences ; celles au contraire qui ont subi l'action du bain de fer ne sont vigoureuses que par réflexion, l'image est à la surface du papier.

Si la pose au soleil avait été exagérée, il faudrait laver légèrement l'épreuve au sortir du bain d'argent avant de la déposer sur le bain de fer.

En sortant du bain de fer, les épreuves ont généralement une teinte sépia plus ou moins foncée, on les fait virer au noir par le chlorure d'or (sesquichlorure 1 gramme, eau distillée 1000) : lavage ensuite à plusieurs eaux. L'action du bain de fer étant assez rapide, il faut avoir à côté de soi une grande cuvette pleine d'eau pour y plonger promptement la feuille de papier dès que l'image a obtenu la vigueur décisive : le point doit être un peu dépassé lorsqu'on se propose d'avoir une épreuve à faire virer au noir par le chlorure d'or.

Le temps de pose est environ de 2' au soleil pour avoir une reproduction de gravure et 10' pour un portrait.

Le bain de fer doit être très-faible ; si l'image a posé convenablement, elle commence à apparaître en gris sur le papier. La richesse du bain ne doit pas dépasser 1 pour 100, et d'ailleurs il doit être fortement acide.

Dans ces circonstances, l'épreuve se développe très-bien, sans aucun voile, si le bain d'azotate d'urane a été de 10 à 15 pour 100.

Au sortir du châssis, l'épreuve est posée 20″ à 30″ sur le bain ordinaire d'acéto-nitrate, au bout de ce temps l'image doit être terminée ; elle se présente toujours avec le ton roux et désagréable des sels d'argent ; on la passe au bain de protosulfate de fer, où elle prend d'abord un ton plus brun, puis enfin noir ; on lave, et on met au bain de chlorure d'or.

En remplaçant le protosulfate de fer par d'autres protosels métalliques, on obtient les mêmes résultats, mais avec des colorations diverses.

II. *Procédé Henry Draper, de Dublin.*

Au lieu de préparer le papier à l'azotate d'urane seul, j'emploie le bain suivant :

Eau distillée.	30 grammes.
Azotate d'urane.	5 —
Azotate d'argent.	0,50 —

Placez le papier à la surface, suspendez pour sécher. L'exposition à la lumière n'est pas plus longue qu'avec le premier procédé trouvé ; et si M. Draper se plaint d'avoir eu besoin de temps de pose plus long que celui indiqué par M. Niepce de Saint-Victor, c'est qu'il oublie que Dublin n'est pas sous la même latitude que Paris.

L'épreuve apparaît comme avec le chlorure d'argent anciennement employé, et n'exige pas de développement. Il apparaît une teinte jaune au sortir du châssis, elle s'efface en faisant sécher la feuille devant un feu clair, mais celle-ci reste toujours rougeâtre.

Nota. Je pense qu'en la virant au bain d'or on lui donnerait un ton plus riche et tel que M. Draper peut le désirer.

III. *Remarques de M. Crespon, de Nîmes, extraits de la Revue photographique.*

Cet article est si complet et rempli de remarques si importantes et si judicieuses, que nous ne pouvons mieux faire que de l'emprunter au savant recueil auquel il était adressé.

« Admirateur passionné de la photographie, je suis avec un grand intérêt tous les perfectionnements qui, de jour en jour, viennent ajouter quelque chose d'utile aux procédés de cet art merveilleux. A ce titre, j'ai applaudi avec enthousiasme à la belle découverte dont M. Niepce de Saint-Victor nous a si généreusement dotés ; et je ne veux pas être le dernier à apporter mon concours aux études nouvelles qui hâteront le moment où cette méthode pourra entrer dans le domaine de la pratique avec tous ses avantages.

« Tous ceux qui ont vu les épreuves positives obtenues au moyen du nitrate d'urane, ont dû être frappés de leur finesse et du rendu de leur modelé. Ces épreuves reproduisent avec la plus grande fidélité tous les détails du cliché, et surtout cette dégradation harmonieuse des demi-teintes légères, si difficile à obtenir par le procédé usuel.

« A voir la perfection des résultats obtenus dès les premiers jours et la facilité des manipulations, on était tenté de croire qu'il ne restait plus rien à trouver, et que dès à présent le nitrate d'urane pouvait remplacer les chlorures, les hyposulfites et leur cortége de lavages interminables. En suivant la filiation d'idées et d'expériences qui paraît avoir amené cette remarquable découverte, il était en effet légitime de croire que de simples lavages suffiraient pour enlever l'excès des sels solubles qui concourent à produire l'épreuve.

« Malheureusement, il n'en est pas ainsi. La solidité des épreuves obtenues par le procédé proposé dès le principe par M. de La Blanchère laisse beaucoup à désirer. En étudiant avec attention les réactions qui doivent se produire, on s'aperçoit qu'il ne saurait en être autrement : car, abstraction faite de toute explication théorique du rôle que joue le nitrate d'urane dans ce procédé, on ne peut mettre en doute que l'action de la lumière ne modifie profondément sa constitution moléculaire, et peut-être mieux sa composition, puisque l'image, au sortir du châssis, est entièrement formée et en partie visible.

« Il y a là plus qu'une simple absorption de lumière ; le rôle du nitrate d'urane n'est point un rôle purement passif, et l'on peut même espérer que parmi les nombreux sels métalliques, autres que ceux d'argent, de platine et d'or, il s'en recontrera qui seront aptes à se désoxygéner au contact du nitrate d'urane ainsi modifié, et à reproduire le développement complet de l'image.

« Si nous admettons que le nitrate d'urane, en présence de matières organiques, soit décomposé par l'action des rayons lumineux, et que, par exemple, une partie de son acide, étant éliminée, se porte sur le papier et entraîne la formation d'un nitrate neutre ou basique, peu ou point soluble, il est évident que de simples lavages à l'eau ne pourront enlever cette portion du sel engagée dans les pores du papier.

« En outre, l'immersion dans le nitrate d'argent doit produire forcément des sels insolubles, chlorures et carbonates, qui se fixent sur la surface de l'image et que l'eau ne saurait enlever. L'action subséquente de la lumière est là pour le démontrer de la manière la plus évidente. Ceci n'affecte que les blancs de l'épreuve ; quant aux noirs, il faut espérer qu'ils seront à l'abri de toute altération. Toutefois, c'est au temps et à l'expérience qu'il faut en appeler pour confirmer ces espérances. L'oxide d'argent est loin d'être d'une stabilité absolue, et il se pourrait qu'une partie des inconvénients qu'on attribue généralement à l'emploi de l'hyposulfite de soude, ne fût que le résultat de la réaction lente des impuretés accidentelles du papier, sur le composé d'argent (sous-sel ou oxyde), qui forme les noirs des images obtenues par le chlorure d'argent.

« La résistance des unes et des autres aux dissolvants immédiats ne paraît pas différer beaucoup. Si des expérimentateurs ont vu que les nouvelles épreuves résistent à l'action du cyanure de potassium bouillant, cela ne ferait que constater une fois de plus les différences notables qui existent entre les divers échantillons de ce sel fourni par le commerce. Je n'ai jamais pu traiter à froid les épreuves humides ou sèches, sans les altérer rapidement par des solutions que j'ai fait varier de 10 à 1 pour 100.

« Voici maintenant la part que j'apporte à l'éclaircissement de toutes ces questions, part bien petite, il est vrai, mais qui témoignera de mon désir de contribuer à l'amélioration tant désirée des épreuves positives sur papier :

« J'extrais des notes de mon registre d'observations; elles pourront contenir quelques redites; on me les pardonnera, car employer du temps à une nouvelle rédaction serait diminuer d'autant celui que j'emploierai plus utilement à d'autres expériences.

« Les feuilles préparées au nitrate d'urane à 20 pour 100 d'eau et exposées 10 minutes sur cette solution sont dans de bonnes conditions pour l'obtention d'une image positive fine, vigoureuse et modelée. Ce bain est bon jusqu'à épuisement. Il n'en est pas de même lorsque l'on emploie des feuilles gélatinées, car après en avoir fait passer un petit nombre, la gélatine qui n'est pas coagulée se dissout peu à peu dans le bain d'urane, et finit par empêcher la préparation égale et certaine des papiers, et entraîne aussi par là de grandes pertes de ce sel. Il est bien des moyens de coaguler la gélatine, tel qu'un bain de tanin ou d'acide gallique, sur lesquels on peut mettre la feuille gélatinée ; mais ces substances colorent en brun-rouge le nitrate d'urane, et ces moyens sont des complications au précédé qu'on doit chercher à simplifier. On peut aussi, si l'on veut, mettre le nitrate d'urane dans l'alcool, qui le dissout parfaitement dans la proportion de 20 pour 100. Mais l'alcool, tout en coagulant la gélatine de la feuille, imbibe trop facilement cette dernière, et alors le résu'tat est encore manqué. Il ne reste donc pour les photographes qui voudront employer la gélatine, pour profiter des bons résultats qu'elle donne, et qui ne craindront pas de la payer par une petite perte de nitrate d'urane, que de verser sur une glace juste la quantité voulue pour chaque feuille, et en suivant la méthode de M. de La Blanchère pour les autres opérations, on obtiendra à tout coup des épreuves fort jolies, et qui ne laisseraient rien à désirer si elles étaient solidement fixées.

« Mais elles ne le sont pas ; pour s'en assurer, on n'a qu'à exposer une de ces épreuves en plein soleil, après en avoir protégé la moitié au moyen d'un éclan : au bout de quelques heures on pourra juger des altérations qu'elles auront subies. Ces altérations proviennent de quelques sels que les lavages rapides n'ont pu dissoudre. D'un autre côté, et on en a déjà fait la remarque, si on prolonge ces mêmes lavages, le papier se tache. Il faut donc trouver un fixateur qui permette à ce procédé de donner tout ce qu'il promet. Voici la marche qui m'a le mieux réussi : Au sortir du châssis, après avoir passé l'épreuve au bain d'argent et l'avoir lavée à trois ou quatre eaux, je la mets sur une solution de chlorure d'or acide, ou mieux encore sur du sel d'or ou d'hydrosulfite d'or de Fordos et Gélis, et, après avoir fait virer le ton de l'épreuve, je la passe dans un bain faible d'hyposulfite de soude ; par ce moyen, le peu de chlorure ou autres sels insolubles qui ont pu se former, sont immédiatement enlevés. Le séjour de l'épreuve dans l'hyposulfite de soude ne doit pas être prolongé, c'est inutile, car ce serait retomber dans les inconvénients de l'ancien procédé ; l'épreuve s'affaiblirait et les modelés seraient altérés. On lavera ensuite à l'eau que l'on renouvelle deux ou trois fois de suite, et on la laisse une heure ou deux dans un bain d'eau abondant. Les épreuves ainsi traitées gagnent en solidité, car exposées au soleil toute une journée, et une journée du mois de juin, elles n'ont été nullement altérées. Quant à l'hyposulfite de soude, nous n'avons pas dans ce cas à en craindre les effets destructeurs, car il n'agit ici que comme simple dissolvant, et les réactions qui naissent de son contact prolongé avec de grandes quantités de chlorure d'argent et les inconvénients qui en résultent ne peuvent se produire.

« Des épreuves qui auraient subi une exposition trop prolongée au soleil peuvent être ramenées à des tons très-doux et très-harmonieux, en prolongeant le séjour dans l'hyposulfite de soude. Je dois faire remarquer aussi qu'il y a un très-grand avantage à faire virer l'épreuve sur le sel d'or, avant de la passer à l'hyposulfite de soude ; car lorsqu'on la plonge dans ce dernier bain au sortir du bain d'argent, l'épreuve perd beaucoup de sa vigueur et de son modelé. On peut aussi remplacer l'hyposulfite de soude par une solution très-faible de cyanure de potassium, mais le résultat est moins certain et moins brillant dans ses effets.

« En ce qui concerne le bain d'argent, il est quelques observations qui pourront être utiles ; bien souvent il s'altère et ne donne plus que des épreuves incomplètes. J'en attribue la cause, non pas à l'épuisement du nitrate, car jusqu'à la dernière goutte il est dans les mêmes conditions de proportions, mais plutôt à la formation accidentelle des sels étrangers qui en changent complètement les effets et sa nature.

« Une autre remarque digne d'attention, c'est qu'avec des clichés un peu faibles ou trop uniformes, il est difficile d'obtenir des épreuves positives, satisfaisantes, et c'est surtout lorsqu'on emploie le nitrate d'argent cristallisé du commerce qu'on est particulièrement exposé à ce facheux inconvénient, qui d'ailleurs se produit également dans les épreuves fournies par le chlorure d'argent, de même que dans les bains d'argent qui servent à faire les négatifs sur collodion. L'argent fondu, qui à la fin de sa préparation a été chauffé un peu fortement, tend, au contraire, à exagérer les oppositions de lumière des clichés, et c'est par un choix judicieux de ces nitrates ou par leur mélange en diverses proportions qu'on peut tirer le meilleur parti possible de clichés notablement différents en intensité. Il est bien entendu qu'il est des teintes, dont on ne peut sortir, et que, dans tous les cas, il ne s'agit ici que de ceux dont la venue et l'intensité sont satisfaisantes. J'emploie le sel d'or dans les proportions de 1 gramme pour 700 centimètres cubes d'eau.

« Quant au chlorure d'or, il doit être beaucoup plus faible, sans quoi il ronge l'épreuve et salit les blancs.

« L'emploi du bichlorure de mercure ne m'a pas donné les résultats que j'en attendais, son action corrodante détruit l'harmonie des demi-teintes, et d'ailleurs la durée de la force nécessaire devient d'une longueur fastidieuse. Je dois à un chimiste de mes amis l'idée de substituer au chlorure de mercure le nitrate de la même base, employé d'une manière un peu différente.

« C'est au sortir du bain d'argent que je passe l'épreuve sur une solution concentrée de nitrate de mercure ; elle acquiert des formes d'une richesse inattendue en conservant des blancs irrépochables. »

§ 19.

Méthode par l'alcool.

Les remarques faites par M. Niepce de Saint-Victor sur la solution alcoolique de nitrate d'urane ont donné lieu à une méthode très-bonne. Voici l'expérience type : si deux solutions alcooliques de nitrate d'urane sont exposées à la lumière, que l'un des flacons soit couvert d'un écran, la liqueur de celui-ci restera jaune tandis que l'autre prendra une couleur feuille morte foncée presque noire. Ajoutons alors de l'azotate d'argent aux deux solutions et nous le verrons réduit fortement par la liqueur noircie, et respecté par l'autre. On peut croire que dans la première le peroxide du sel d'urane est descendu à l'état de protoxide et que dans cet état il réduit les sels d'argent. Il est à remarquer, qu'en exposant à l'air la solution réductrice noircie, elle absorbe de l'oxigène, le sel d'urane se sature, la liqueur redevient jaune verdâtre et la réduction du sel d'argent n'a plus lieu.

Or, dans le procédé d'impression des épreuves positives la fibre (cellulose) du papier constitue un corps éminemment réducteur ou oxidant ($C^{12} H^{10} O^{10}$) qui joue le rôle de l'alcool dans la solution uranique.

On voit donc qu'il est important de débarrasser le papier des encollages qu'il peut contenir et qui, empêchant le contact immédiat de la solution uranée avec la cellulose, retardent la réaction et souvent la paralysent. C'est à la plus grande abondance de l'encollage à la surface du papier qu'on peut attribuer la propension qu'ont les épreuves uraniennes à se produire dans la profondeur de la feuille. En effet, là, l encollage est moins abondant et la réaction a eu plus d'intensité.

Il est donc utile de plonger le papier dans de l'eau distillée en ébullit'on, de l'y maintenir pendant quelques minutes, le passer dans de l'eau froide, le placer entre des feuilles de buvard bien net, et pendant qu'il est encore moite, le plonger une minute sur la solution d'azotate d'urane. On le retire, on le suspend à l'obscurité, et dans cet état il peut se conserver fort longtemps.

Il ne faut pas oublier, § 13 ci-dessus, que la présence de l'alcool ou de l'éther dans le bain d'argent, donne des épreuves plus intenses et d'un ton violet riche : mais cette addition est surtout importante parce qu'elle permet de réduire le temps de pose. Il est possible que l'action de l'alcool sur l'oxide d'urane, soit analogue à celle de l'acide pyrogallique sur l'iodure d'argent ; dans tous les cas, le mélange de l'alcool au nitrate d'urane du papier ne produit aucun effet, tandis que sa présence dans la solution révélatrice d'azotate d'argent est favorable à la rapidité de développement et au ton des épreuves.

§ 20.

Des épreuves colorées monochrômes.

I. Epreuves rouges. Teinte de sanguine.

Prenez du papier positif ordinaireet placez-le 15″ à 20″ sur le bain d'azotate d'urane §9 qu'on peut porter à :

    Eau distillée. . . . . 100 grammes.
    Azotate d'urane pur. 20   —

Suspendez et laissez sécher à l'obscurité ou mieux au feu comme il est dit dans ce § cité.

Exposez sous un négatif. Le temps dépend beaucoup de l'intensité du négatif : en moyenne 8′ à 10′ suffisent au soleil.

Lavez alors l'épreuve dans de l'eau filtrée chauffée à 50 ou 60°, plongez-la dans :

    Eau distillée. . . . . 100 grammes.
    Prussiate rouge de potasse. 2   —

En quelques minutes l'image se développe et prend une belle couleur rouge,

Lavez abondamment et laissez sécher. Quand l'épreuve a trop posé, l'empâtement est à craindre ; quand le temps d'insolation n'a pas été suffisant les demi-teintes ne sont pas complètes.

Ce procédé réussit admirablement pour la reproduction des gravures et des dessins.

II. Couleur verte.

Faites une épreuve rouge comme ci-dessus, et plongez-là, avant qu'elle soit sèche, mais quand elle est bien lavée, pendant au moins 1′ dans

Eau distillée.	100 grammes.
Azotate de cobalt.	1 —

Retirez en égouttant, faites sécher au feu vif et la couleur verte apparaît.

Fixez alors en la plongeant 30″ dans

Eau distillée.	100 grammes.
Protosulfate de fer pur.	4 —
Acide sulfurique pur.	4 —

Lavez et séchez au feu. Ce procédé a le défaut de produire une couleur verte non stable et qui descend de ton par la lumière et surtout l'humidité. Cependant ces épreuves ont comme toutes celles produites par les sels cyanhydriques la curieuse propriété de reprendre dans l'obscurité, la vigueur de teinte que l'exposition à la lumière leur avait fait perdre.

On obtient une coloration verte beaucoup plus solide

et ne tournant pas au bleu comme celle plus haut en employant comme bain virant.

> Eau distillée. . . . .   100 grammes.
> Perchlorure de fer.   2   —

Plongez et laissez quelques secondes ; lavez abondamment avec de l'eau filtrée, de pluie si c'est possible, et séchez avec feu vif.

III. Couleur violette.

Prenez le papier urané préparé comme § 9 ou comme plus haut : I, couleur rouge.

Impressionnez sous le négatif, retirez et lavez dans de l'eau filtrée chauffée à 50° ou 60°.

Développez alors dans

> Eau distillée. . . . .   100 grammes.
> Chlorure d'or. . . . .   0,50 —

Au bout de 1′ à 5′ suivant que la solution d'or est plus ou moins neuve, la coloration violette sera complète.

Lavez alors abondamment et séchez.

IV. Couleur bleue.

Faites flotter 50″ du papier à la surface d'un bain de

> Eau distillée. . . . .   100 grammes.
> Prussiate rouge de potasse.   20   —

Laissez sécher suspendu à l'obscurité ; le papier ainsi préparé se conserve bien.

Impressionnez sous le négatif jusqu'à ce que les grands noirs soient teints de bleu.

18

Plongez alors 5″ à 10″ l'épreuve dans une solution de

Eau distillée. . . . . 1000 grammes.
Bichlorure de mercure. . . . . 1 —

Lavez dans eau ordinaire filtrée.

Faites une solution de

Eau distillée.. . . . . 100 grammes.
Acide oxalique. . . . . 12 —

Chauffez cette liqueur à 50° et plongez-y l'épreuve quelques secondes.

Lavez abondamment et laissez sécher.

V. Couleur noire.

Prenez le papier urané du § 9 ou du n° I ci-dessus, pour les épreuves rouges, et faites l'épreuve rouge comme il a été dit.

Quand l'épreuve est sèche, plongez-la dans

Eau distillée. . . . . 100 grammes.
Perchlorure de fer. . . . . 5 —
Acide chlorhydrique pur. . . . . 1 —

Au bout de quelques secondes l'épreuve est virée au ton noir verdâtre foncé : retirez-là alors et lavez abondamment ; elle passe au noir plus ou moins vif qu'elle conserve en séchant ; ce ton dépend de la nature de l'encollage du papier.

Il ne faut pas que l'eau dans laquelle on lave, contienne des sels alcalins, car elle ferait virer l'épreuve au roux, l'eau ammoniacale ramenant ce genre d'épreuve au rouge et l'eau acidulée au bleu de prusse.

SEPTIÈME PARTIE.

MÉLANGES.

§ 1er.

Trop peu connu, trop peu employé, peut-être parce qu'il est incomplet, l'Iconomètre devrait être le *vade mecum* de tous les photographes. Les services quotidiens que peut rendre ce petit instrument lui donnent un prix inestimable pour qui a pris l'habitude delui demander un conseil. Tout le monde sait que l'idée première de cet instrument est due à Ziegler, le peintre éminent et le photographe si habile que la France a perdu l'an dernier. L'instrument, combiné tel qu'il le fut la première fois par lui, n'a pas subi d'amélioration : il en demande cependant que nous exposerons tout à l'heure. Il se présente sous la forme d'une lunette AB, portative, monocle, dont l'oculaire est une lentille bi-convexe et dont l'objectif est remplacé par une petite glace dépolie. La lunette, de cinq centimètres de long et formée de deux tubes à frottement, se développe à volonté de trois centimètres : la petite glace dépolie a quatre centimètres sur trois. En somme, cette lunette n'est qu'une petite chambre noire, et, par conséquent, on s'en sert en l'éloignant des yeux et en regardant sur la glace dépolie du gros bout; on met au point par allongement ou raccourcissement de la coulisse. Or, dès à présent, nous savons qu'en pleine lumière cette opération est presque impossible sur la glace dépolie d'une chambre noire ordinaire, à plus forte raison est-elle difficile sur ce petit instrument qui reçoit si peu de lumière par l'intérieur; mais, en outre, nous savons tous que la plus favorable position pour photographier un objet est alors que notre instrument et nous, tournant le dos à la lumière, elle revient, reflétée par l'objet, se concentrer sur la couche sensible. Or, si l'on se met dans cette position ou dans celle, également favorable, d'un soleil un peu oblique, il est à peu près impossible d'en garantir la petite glace de l'iconomètre.

Arrêtons-nous à ce point et expliquons ce que donne l'iconomètre. Son nom veut dire qu'il mesure les images , et il en donne la mesure en effet. Voici comment : Si nous traçons sur la glace dépolie une échelle en hauteur et en largeur, et que nous établissions préalablement une relation exacte entre l'image produite à un endroit donné par notre objectif et la même image donnée au même endroit par la lentille de l'iconomètre, nous pourrons renverser le problème et dire : Étant dans un endroit quelconque, si je dirige mon iconomètre sur un objet, je saurai, en le mesurant à l'échelle, quelle grandeur il aura sur ma glace dépolie en me servant d'un objectif déterminé.

Mais là ne se bornent pas ses services ; il aide surtout à trouver le point de vue, il aide à placer convenablement les objets sur la glace, ni trop haut ni trop bas, en dessous ou en dessus ; en un mot, il aide la construction artistique d'une vue dont la beauté dépend de l'aspect sous lequel elle a été envisagée et comprise. Ainsi, en résumant , notre compagnon nous indique non-seulement la grandeur d'image que nous donne un objectif à nous connu , mais encore l'endroit précis où nous devons nous mettre pour obtenir le maximum d'effet.

Voici maintenant les modifications que nous proposons, et nous espérons qu'il se trouvera un opticien assez ami du progrès pour s'emparer de cette idée et l'appliquer : elle peut l'être à peu de frais, les iconomètres actuels étant énormément trop chers, surtout

pour des instruments dont la lentille n'est même pas
achromatique.

Nous comprenons d'abord :

1° L'instrument C D E muni d'une lentille achromatique en C, parce que les franges colorées gênent beaucoup pour la mise au point d'une si petite image, et

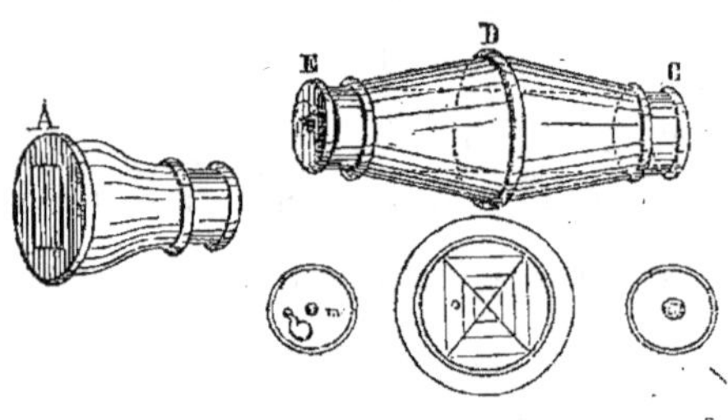

Fig. 26.

cela d'autant plus qu'il y a plus de lumière, parce que
ces franges sont alors beaucoup plus brillantes;

2° Que cette petite ouverture soit fermée à volonté par
un petit obturateur excentrique m, afin d'éviter sur l'objectif l'introduction des poussières, ce qui est imminent
pour un objet qui habite plus dans la poche que sous le
bras ;

3° Que la glace dépolie soit ronde en D et remplisse
complétement le champ de la lunette, parce que la relation de l'objectif dont on se sert et de la lentille de
l'iconomètre peut être telle que l'image fournie pour la
chambre obscure dépasse le cadre de la petite glace, et,
tout en étant incomplète, puisse encore être marquée

sur les bords arrondis par des cordes suffisantes, quoique plus petites que les côtés d'un rectangle maximum inscrit. Ce rectangle tel qu'il est fait dans les iconomètres actuels, en A par exemple, n'a presque jamais les côtés proportionnels à ceux de la chambre noire dont on se sert ;

4° Et c'est le plus important :

Que la lunette actuelle ne soit que la moitié de l'instrument modifié, c'est-à-dire qu'une seconde lui soit accolée par la glace dépolie, qu'elle porte une ouverture oculaire sans verre, et que, formée comme l'autre de deux tubes à frottement, elle s'allonge pour la vue distincte autant qu'il sera nécessaire. Avec l'instrument ainsi construit, plus de soleil à craindre, puisque la glace dépolie est à l'abri et que l'œil et l'orbite ferment l'oculaire. La mise au point est toujours possible et facile, l'instrument, d'ailleurs, ne devenant pas plus incommode, puisque, fermé, il n'a que dix centimètres de long.

Telles sont les modifications importantes qui peuvent se concilier avec un prix très-réduit et fournir aux photographes un aide indispensable pour les reproductions, pour les paysages et même pour les portraits.

§ 2.

Travail de M. Taupenot à ce sujet. — Iconomètre qu'il avait proposé.

La grande utilité d'un instrument semblable avait frappé également l'intelligence si remarquable de **M.** Taupenot, l'habile photographe du Prytanée militaire, que la mort a ravi à ses travaux de prédilection. Son chercheur photographique nous était connu bien avant la publication qu'il en a faite, et cela sous la forme d'une monture de loupe d'horloger, dont le verre était remplacé par une plaque de métal percée d'un quadrilatère dont les côtés étaient proportionnels à une glace dépolie donnée. Cet appareil était complet quand on se servait seulement de l'objectif en vue duquel on l'avait construit, il devenait insuffisant quand on faisait usage d'objectifs de foyers différents. Le perfectionnement est donc réellement l'idée des tubes rentrant l'un dans l'autre, mais cet instrument ne vaudra jamais l'Iconomètre perfectionné que nous venons de décrire. Cependant, comme à la campagne on peut construire celui-ci, nous empruntons à la Lumière la description que **M.** Taupenot en avait donnée.

« Le rôle de cet instrument est analogue à celui des chercheurs dans les télescopes et lunettes astronomiques. Il évite les tâtonnements longs et pénibles nécessaires pour trouver la position exacte à donner à la chambre noire, quand on veut comprendre dans le paysage une étendue considérable de terrain, d'horizon ou de ciel. Avant d'imaginer ce petit tube chercheur, dont l'emploi est aussi simple que celui d'un lorgnon, il m'est arrivé de déplacer jusqu'à sept ou huit fois ma chambre noire sans trouver une position satisfaisante. Parfois aussi, arrivé sur les lieux pour prendre un monument ou un paysage, je reconnaissais à mon grand désappointement qu'il n'y avait pas assez de reculement pour embrasser le monument, ou que le champ de l'objectif ne comportait toute l'étendue du paysage qu'à la condition d'une distance trop grande, et que ce paysage ne fournit plus qu'une bande trop étroite. Tous les photographes ont éprouvé ces désappointements, et l'on a même, je crois, déjà imaginé de petits instruments pour étudier par avance les vues que l'on veut faire, l'objectif le plus convenable pour chacun et déterminer le point où l'on devra placer la chambre noire.

« Mais je ne crois pas qu'on ait encore indiqué rien d'aussi simple que mon tube chercheur, que chaque photographe pourra se construire lui-même sans aucune dépense, qui ne tient pas de place dans la poche et qu'on peut avoir sur soi dans ses promenades, pour reconnaître très-rapidement si un paysage ou un monument pourra être pris avec l'objectif ou l'un des objectifs que l'on possède.

« On peut construire ce tube avec un bouchon de liége, comme je l'ai fait pour la première fois, ou en carton, comme le modèle que je vais mettre dans ma lettre, ou enfin en métal, soit cuivre, soit fer-blanc.

« Si on le fait en liége, on lui donnera la forme cylindrique, c'est-à-dire qu'on percera par exemple un gros bouchon de liége, de 3 à 4 centimètres de diamètre d'un trou évasé circulairement d'un côté, et ayant de l'autre un orifice rectangulaire dont les côtés auront entre eux le même rapport que les côtés de la glace dépolie de la chambre noire. Ainsi, comme dans ma glace, les côtés sont entre eux comme 23 est à 18 : j'ai donné à l'orifice rectangulaire 30 millim. sur 23,5, car 23/18=30/23,5.

« Plaçant ensuite la chambre noire devant une façade, on remarque les limites de la portion qui est représentée sur la glace dépolie ; on regarde cette même portion en s'appliquant l'ouverture évasée du tube sur l'œil même. On trouvera, surtout pour un objectif double, que le champ de vision ainsi limité n'embrasse pas tout ce qui est compris sur la glace dépolie. On rognera un peu le bouchon du côté de l'ouverture évasée, et on regardera de nouveau, toujours en s'appliquant le tube exactement sur l'œil. Le champ se trouvera agrandi par la diminution de la longueur du tube ; s'il ne l'est pas suffisamment pour comprendre tout ce qui entre sur la glace dépolie, on rognera encore le tube, et ainsi de suite jusqu'à ce que le tube limite exactement, quand on le met sur l'œil, cette portion de façade qui se trouve sur la glace et qui constitue le champ de l'objectif.

« Pour un objectif simple, il faudra un plus long bouchon ou une ouverture rectangulaire plus petite. Mais il ne faut pas trop diminuer cette ouverture, et il vaut mieux limiter le champ de plus en plus, à mesure que le foyer de l'objectif devient plus long en allongeant le tube.

« Si l'on a plusieurs objectifs, il sera plus simple de faire construire par un ferblantier, ou de faire soi-même en carton, deux tubes emboitant l'un dans l'autre pour faire tirage comme une petite lorgnette. Les opticiens pourront facilement construire de petites lorgnettes sans verre, d'après ce que je vais expliquer, et ces petites lorgnettes, faites en certain nombre, pourraient ne pas coûter plus que le tube fait par un ferblantier. Chaque opticien ajusterait d'ailleurs ses lorgnettes pour limiter exactement par des tirages successifs, des images fournies par les différents objectifs qu'il construit.

« Au lieu de verre, l'extrémité de la lorgnette tournée vers les objets portera un disque de cuivre percé d'une ouverture rectangulaire ayant ses côtés proportionnels à ceux de la glace dépolie.

« L'autre extrémité aura une ouverture ronde qu'on appliquera exactement sur l'œil. Le tirage permettant de limiter plus ou moins le champ, on marquera les points où il faudra arrêter le tube emboîté pour avoir l'étendue qu'embrasse chacun des objectifs que l'on possède.

« Exemple pour deux objectifs Lerebours, l'un de 25 centimètres, l'autre de 45 centimètres de foyer, et pour une chambre noire où la glace dépolie a 18 centimètres sur 23 :

Diamètre de la lorgnette.	45 millimètres.
Dimension de l'ouverture rectangulaire tournée vers les objets.	34 sur 27
Longueur du premier tube portant cette ouverture.	32 —
Longueur du second tube qui s'applique sur l'œil	40 —

« Chaque photographe pourra facilement se construire un pareil système en carton, s'il ne veut point faire la dépense d'une lorgnette achetée chez un opticien.

« Dans ce cas, au lieu de faire les tubes ronds, il sera plus simple de les faire prismatiques. »

§ 3.

Écran porte-auréole.

La vogue bien méritée des portraits à fonds dégradés, imitant les portraits au crayon, m'a fait inventer le petit instrument ci-dessous, qui permet de les obtenir sans soins, en laissant la lumière agir seule, et de leur donner l'aspect des portraits kepseake anglais.

Cet instrument (fig. 27) est fondé sur ce que la section par un plan oblique d'un cylindre vertical est une courbe elliptique, d'autant plus allongée que le plan sécant est plus oblique sur la base. Ici le cylindre de

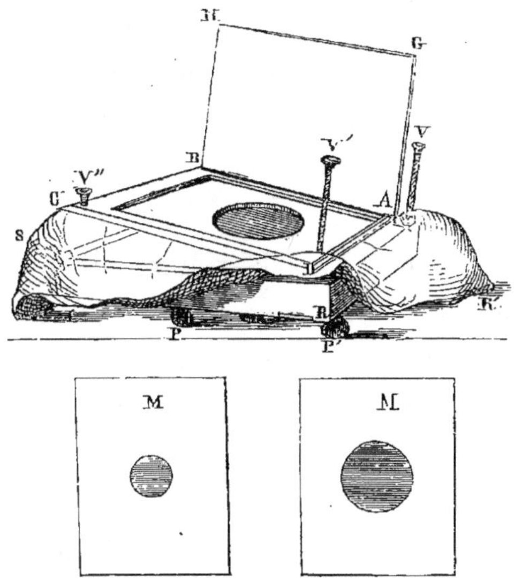

Fig. 27.

lumière est déterminé par l'écran et la section en est faite par l'épreuve.

L'instrument se compose d'un écran en bois ABCD, percé au centre de figure d'une ouverture circulaire dans le diamètre en plaçant sur la planchette des diaphragmes MM' en carton noir, percé d'ouvertures de diamètres différents. On peut même varier à l'infini la forme de ces ouvertures, et par cela même produire des effets très-curieux. Aux quatre angles de l'écran sont placées quatre vis en cuivre à pas longs VV'V'', tournant dans des écrous fixes, et formant quatre pieds mobiles servant deux à deux à donner à l'écran l'obliquité nécessaire. Autour de l'écran est attaché un voile noir RS interceptant tout accès à la lumière quand l'instrument est en fonction. Sur deux côtés contigus, deux rainures permettent l'introduction d'un volet vertical ABGH qui y est maintenu par des crochets, dont l'un se voit en S. Ce volet, ici représenté dans la rainure AB du grand côté, se met à volonté dans la rainure AD du petit, suivant son côté AG, et se trouve alors retenu par le crochet S passant dans un arrêt fixé derrière. KL est le châssis positif garni de l'épreuve négative et du papier positif : ce châssis est placé la glace en dessus et appuyé sur ses vis P P' dans une galerie ou un endroit où il peut recevoir le jour verticalement. Si, par la disposition des lieux, le jour venait obliquement, le volet ABGH, placé du côté convenable, l'intercepterait, et empêcherait qu'en se glissant entre l'écran et le négatif, il ne produise des traînées qui feraient venir l'image là où le papier doit être blanc.

Le voile noir RS sert à couvrir parfaitement l'espace entre le porte-auréole et le châssis portatif.

Plus le porte-auréole présente de différence de niveau entre ses deux extrémités AD et BC, plus la figure générale de l'image offre une ellipse allongée ; si l'écran

ABCD est parallèle à la glace, auquel cas les quatre vis seront égales, la trace sur le papier positif sera un rond : mais dans l'un et l'autre cas, à bords d'autant mieux dégradés, qu'il y aura eu plus de distance entre le porte-auréole et la glace.

On peut commencer l'épreuve avec une ouverture plus grande et la terminer par une plus petite placée de manière à concentrer tout son effet sur la tête ou sur telle partie de l'image que l'on jugera convenable. On surveille de temps en temps, et comme la venue se fait seule, c'est un grand soulagement de travail, tandis qu'avant cette invention, il fallait estomper les contours à la lumière et en agitant devant le négatif un carton percé d'une ouverture appropriée. Ceci est fort bien quand il y a du soleil, mais pendant les jours brumeux de l'hiver, mon écran porte-auréole fonctionne tout seul : l'épreuve vient lentement, mais personne ne s'en occupe.

§ 4.

De la tente photographique.

J'avoue, tout d'abord, qu'en parlant d'une tente photographique, quelque commode et portative qu'elle puisse être, on a l'air étranger au mouvement actuel des recherches photographiques. Les progrès se font en effet, en ce moment, vers les combinaisons qui s'efforcent de la supprimer, vers ces procédés qui permettent non-seulement de changer en pleine lumière les surfaces sensibles, au moyen d'un outillage spécial, mais d'emporter une grande quantité de ces surfaces toutes prêtes à employer, sauf plus tard à compléter les préparations au logis. C'est très-bien, et certes je puis dire : *Et ego in Arcadia*!... J'ai expérimenté le procédé de M. Taupenot, j'ai modifié et accéléré le papier sec, j'ai composé un collodion sec, rapide et stable, etc., etc., et c'est précisément parce que j'ai fait tout cela, que je reviens toujours à cet utile et indispensable instrument qu'on appelle une tente photographique. Sans doute, au moyen d'un sac ample et bien fait, dans lequel on introduit la partie supérieure de son corps, on peut sortir du châssis et y mettre les glaces collodionnées ou les papiers sensibles, jusque et y compris la grandeur 18×24 ; mais, au-dessus, cela devient impraticable. Il faut donc revenir à la tente complète qui vous donne votre liberté d'action. Toutes les tentes que j'ai vues ont le grand inconvénient d'être fort pesantes et très-embarrassantes ; par cela même, quoique spécialement destinées au photographe voyageur, elles augmentent son bagage d'une façon désolante, et ont de plus l'inconvénient d'être fort chères. Or, celle dont je me sers a été, je n'ose pas dire inventée, mais combinée par moi, il y a déjà six ans, alors que je n'en avais pas vu d'autre façon, et je suis convaincu

qu'il se trouve un bon nombre de photographes et d'a-
mateurs qui n'ont renoncé à se servir de cet appareil,
qu'à cause du poids et du prix, et qui, voyant ces deux
empêchements levés, y reviendront de grand cœur.
Quand on a des études animées ou des instantanéités à
faire, la tente est souvent indispensable : elle économise,
dans ce cas, le temps et les courses, parce que vous
vous rendez compte en développant, immédiatement,
du résultat que vous avez obtenu. Il en est autrement
alors qu'il s'agit de vues de monuments ou de paysages :
la pose du collodion sec ou du papier une fois connue,
vous ne manquez une épreuve que par accident, et la
tente vous prête son obscurité seulement pour changer
à l'aise vos surfaces sensibles.

Un des grands avantages que présente ce système
très-complet, c'est le peu de temps que le montage et
la mise en place exigent. L'installation de la tente demande à peu près : 10′ pour la monter et 5′ pour la
démonter, une seule personne peut le faire avec la plus
grande facilité.

Roulée elle présente un volume de 50 centimètres
de longueur, sur 25 de diamètre; elle pèse en cet état
4 kilogrammes.

Occupons-nous d'abord du bâtis qui la supporte et
que peut exécuter le plus maladroit menuisier de campagne. Il est composé de deux compas, d'une traverse
et de deux cordes. Ces pièces peuvent toutes être bri-

sées en deux comme les pieds de voyage, et former un petit faisceau portatif.

Ces bois sont en peuplier et ont un équarrissage moyen de 3 centimètres, ils pèsent en tout 2 kilogrammes 400 grammes.

Les pieds des compas sont armés chacun d'une douille et d'une pointe légère ; la traverse est terminée

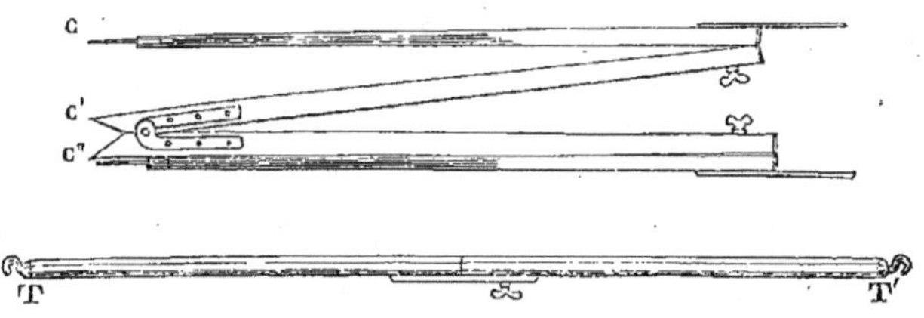

Fig. 28.

Longueur des branches du compas CC'C''.   2 mètres.
Longueur de la traverse TT'. . . . .   1 ,50.

à chaque extrémité par un petit crochet en fer, qui s'adapte à un piton mis, du côté opposé à la charnière, à la tête des compas ; les deux cordes en fil de fouet, de la grosseur d'un petit crayon, ont environ 4 mètres de long chaque, et se terminent par un nœud.

Voici comment on monte cette charpente :

On enfonce en terre un petit piquet en bois, ou mieux une fiche en fil de fer A (fig. 29) ; si l'on n'a pas de fond, on attache la corde AB à une pierre, un rocher ou un arbre, je n'ai jamais manqué de trouver ce qu'il me fallait. On passe le nœud en B entre les deux têtes

du compas C ouvert, et que l'on tient debout ; on accroche alors la traverse D au piton, on ouvre (en tenant
toujours la traverse qui joue facilement en B et vous
laisse la liberté de vos mouvements) le compas F et on
l'accroche en E à l'autre bout de la traverse D. On passe

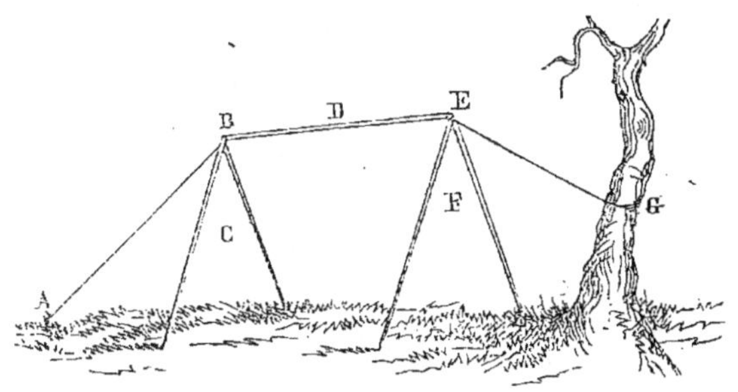

Fig. 29.

alors dans sa tête E le nœud de la seconde corde et on
tend un peu roide en attachant en G avec une seconde
fiche ou un piquet, ou un autre arbre. En général,
comme la porte est au bout, je préfère attacher ce côté
un peu plus haut à un arbre afin de n'avoir pas à me
gêner pour entrer.

Voilà la charpente en place, voyons maintenant la manière de confectionner la couverture de notre maison.
Cette couverture est formée tout simplement de doublure
en percaline noire et de percaline verte entre lesquelles
est cousue une feuille de ouate. Je réunis ainsi légèreté
et opacité. En un mot, on fait coudre cela comme un
couvre-pied très-léger. Il faut cependant que les piqûres

soient solides pour bien maintenir la ouate qui, sans
cela, se roulerait et donnerait des clairs dans l'étoffe. Les
rideaux sont de même en percaline noire doublée de
doublure verte, mais sans ouate interposée ; on ne saurait les faire trop amples, mais la largeur indiquée suffit.

Voici la forme qu'elle aura, développée à plat :

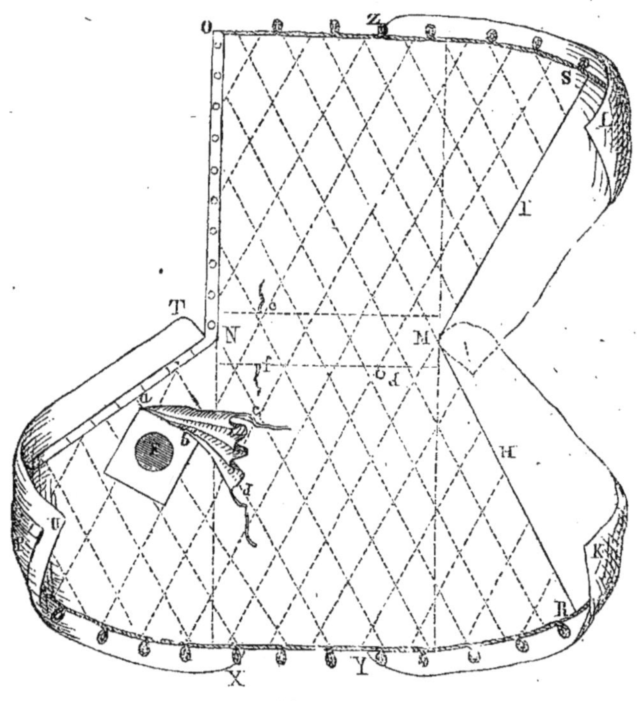

Fig. 30.

Voici les dimensions exactes et la légende :

MN, largeur portant sur la traverse, 1ᵐ,68.
HI, côtés de la porte taillés en biais pour retomber suivant MS et MR, 1ᵐ,75.
NO, côtés de la fenêtre, se boutonnant sur l'un des montants du compas opposé.
    longueur 2ᵐ,10, portant 12 boutons en métal solide et se boutonnant en NP.
TU, volant intérieur noir de 25 cent. de large s'attachant en dedans avec des
    cordons sous les boutons et sur le montant.

OS, développement garni de ficelle formant anneaux de place en place, 2^m,50.
RP, développement aussi en rond et garni de même, 3^m,95.
MKY-MLZ, rideaux de 65 centimèt. de large formant la porte et se croissant
   en M, l'un s'attache au bouton *d*, l'autre à un cordon en dessous; ils sont
   plissés en haut sur 45 centimèt. de large.
F, fenêtre de 20 centimèt. de large, en percaline orange doublée de percaline rouge, et fermée d'un volet *abcd*, cousu en *ab*, et garni de cordons en *cd*.
YXZ, volants de 20 centimèt. servant à fermer l'accès à la lumière quand les
   pointes de la tente ne posent pas en entier en terre.
    Les œillets placés de S en O et de R en P servent, au moyen de petits
   piquets que l'on fait sur place, à assurer les côtés et aussi davantage la tente.
ef, cordons pour tenir le volet ouvert.

Je n'ai pas besoin de faire remarquer qu'il vaut toujours mieux s'établir sous des arbres qu'en plein soleil,
et sur du sable que sur des herbes longues qui empê-
chent les volants de la tente de s'appliquer au sol et
rendent plus difficile l'obscurité que l'on cherche à obtenir. Il faut tourner autant que possible sa fenêtre au
nord, ou s'arranger de manière à recevoir le soleil sur
un des grands côtés de la tente; dans tous les cas la
plus mauvaise position est de l'avoir sur la porte.

Le complément du bagage, alors qu'on veut opérer
dehors sur collodion humide, est une boîte de voyage
qui sera dessinée plus loin et qui contient tout ce qui
est nécessaire, y compris la table, etc,

§ 5.

Boîte de voyage pour opérer sur collodion humide.

Cette boîte, en bois blanc, de 1 centimètre d'épaisseur, a les dimensions suivantes :

Longueur en dehors. . . . . 0^m,52
Largeur   id. 0^m,27
Hauteur fermée. . . . . 0^m,28

Elle est calculée pour opérer sur des glaces, plaque normale, 18-24.

Le bagage complet du voyageur photographe se compose de :

1° La chambre noire et son pied et l'objectif ;

2° Une boîte de 12 glaces entrant dans son intérieur ;

3° Une boîte de voyage dont nous donnons la description ;

4 La tente décrite ci-dessus et ses compas.

La figure ci-après représente la boîte ouverte : le couvercle sert de table au moyen d'un petit bâtis qui se rabat et forme le pied. On l'aperçoit dans la seconde figure, où la boîte est en opération et vue en perspective ; ici elle est vue en projection horizontale.

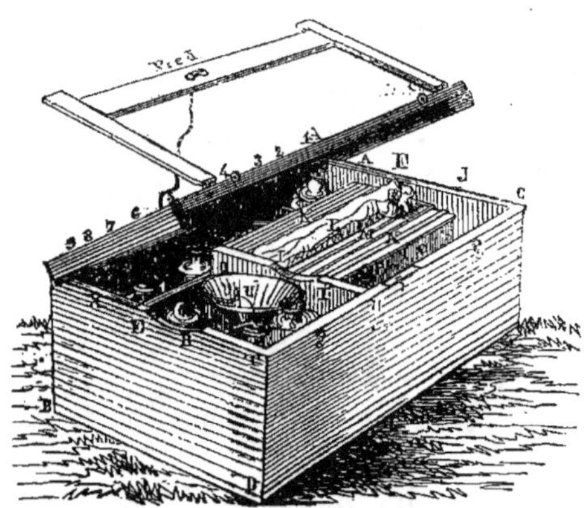

Fig. 31.

ABCD, boîte assemblée solidement à queue d'aronde et collée, **avec serrure** et poignées.

EF, séparation à 0^m 055 du grand côté AB.

GH, séparation à 0ᵐ,194 du côté BD.

IJ, séparation à 0ᵐ,096 du côté CD.

R, cuvette en bois et verre de glace 18-24, ayant 0ᵐ,29 de long sur 0ᵐ,5 d'épaisseur, servant pour le bain d'azotate d'argent.

L, cuvette en gutta de même dimension, mais moins épaise, servant pour l'hyposulfite et enveloppée d'une gaîne d'étoffe croisée.

MN, deux châssis de la chambre noire, afin d'en avoir un de bon en cas d'accident

O, vide pour papier-buvard, filtres, etc.

P, appui contenant une éprouvette cylindrique en verre graduée pour l'acide acétique. On met dedans le blaireau à épousseter les glaces et le crochet en argent.

Q, flacon à l'hyposulfite ; large ouverture, fermé à l'émeri , contenant 1000 grammes.

R, flacon ordinaire contenant 1000 grammes et servant à mettre l'agent développateur tout fait en arrivant sur le terrain.

S, flacon à l'émeri de 1000 grammes, contenant le bain d'argent.

T, flacon laveur à deux tubulures, garni de ses tubes, contenant 1000 gr.

V, entonnoir en verre, maintenu par un trou percé au milieu de la séparation des quatre flacons.

XY, porte entonnoir en fil de fer, dont la tige entre dans l'épaisseur du bois en X, et qui tourne dans l'intérieur entre le dessous de l'entonnoir et le couvercle de la boîte fermée.

1, flacon en verre à bouchon, traversé d'un petit tube pour renforcement.

2, place pour les flacons de collodion.

3, flacon rond, à large ouverture, pour mettre des paquets d'un demi-gramme d'acide pyrogallique.

4, flacon carré pour le protosulfate de fer.

5,   id.   pour l'acide acétique cristallisable.

6,   id.   pour le collodion pharmaceutique.

7,   id.   pour l'éther alcoolisé.

8,   id.   pour liqueur sensibilisatrice.

9,   id.   pour gomme à 10 pour 100.

Tous ces flacons, de 250 grammes chacun, n'ont pas besoin d'être remplis pour une excursion ordinaire : l'opérateur sait à peu près ce qu'il doit mettre de chaque substance. Au-dessus de ces flacons on place, au milieu des linges et essuie-mains, un verre à expérience pour verser le développement à la surface des épreuves.

Tous ces compartiments sont faits sur les flacons même, de sorte qu'ils y entrent et qu'ils s'y maintiennent sans aucune garniture ; on est donc sûr, en les remettant à leur place, de n'avoir plus à s'en occuper.

Lorsque la boîte est en opération, on déploie le pied replié sur le couvercle, et celui-ci forme la table. On tourne en dehors le porte-entonnoir XY sur lequel on met l'entonnoir U. On sort ensuite les deux cuvettes et

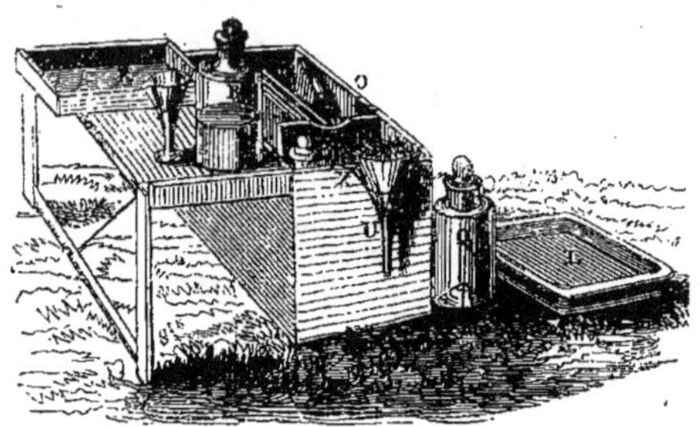

Fig. 32.

un châssis, et la boîte reste ouverte et prête à vous donner les objets dont vous avez besoin.

Sur le couvercle se place la cuvette K à l'azotate d'argent, le crochet, le blaireau retiré de l'éprouvette **P**.

A côté, le verre à développement ; le flacon **1** à renforcement reste à sa place, facile à prendre, ainsi que le flacon de collodion au n° **2**.

La bouteille à développement est mise auprès du verre ou par terre, il en est de même de la cuvette **4** sortie de son étui et mise dans un coin, le plus loin possible, ainsi que le flacon Q.

On a pu ajouter dans la place O un support pour développer les glaces suivant le modèle dont on a l'habitude.

La boîte de voyage, la chambre noire et la boîte aux

glaces qu'elle contient, la tente se mettent sur un crochet à quatre pieds qui sert de chaise à l'opérateur,
alors qu'il travaille sous la tente. Le pied de la chambre et le bâton de la tente, réunis par une courroie,
sont portés sous le bras. Le crochet à dos est muni de
courroies à demeure et à boucles qui, passant dans des
arrêts placés convenablement sur le côté des boites et
de la chambre, permettent de faire et assujettir ce pa-
quetage en cinq minutes ; et cela sans crainte de déran-
gement possible.

§ 6.

Appareil à reproductions.

Une des conditions les plus importantes d'une bonne
reproduction, c'est qu'elle n'offre pas de déformation
comparée au modèle, et en second lieu qu'elle soit nette
dans toute son étendue. Pour arriver à ce résultat sans
un appareil spécial, il faut beaucoup de tâtonnements et
une assez grande perte de temps. Comme il est nécessaire, 1° que la surface reproduisant soit exactement
parallèle à la surface à reproduire, et 2° que le centre
de l'objectif soit parfaitement sur la même horizontale
que le centre de figure de la surface à reproduire, il fallait chercher longtemps pour arriver approximative-
ment à une position convenable. Avec l'appareil que j'ai
fait construire et dont la figure est plus loin, toute in-

décision a disparu et l'opérateur ne peut pas se placer dans l'erreur. O n rencontre dans son usage un autre avantage enco re : c'est que le développement extrême des chambres, lors d es grossissements, ne devient plus un embarras, parce que le chariot supérieur les porte dans toute le ur longueur et reste aussi facile à manœuvrer quand elles sont déployées que quand elles sont fermées.

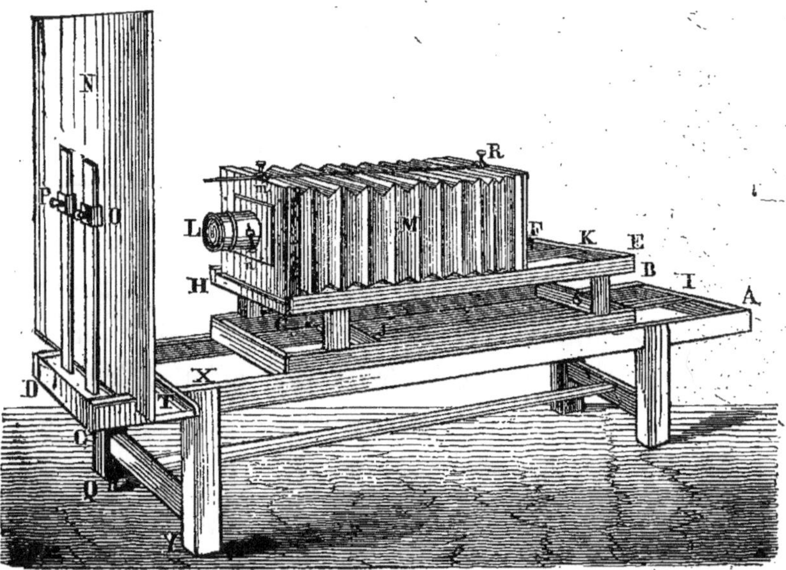

Fig. 33.

ABCD, bâtis solidement as semblé, ayant les dimensions suivantes :

        AC.......... 2ᵐ,30
        AB.......... 0ᵐ,52
        XY.......... 0ᵐ,60

L'instrument est ca'culé pour porter une chambre noire à soufflet M, donnant des épreuves de : 4×40, et ayant un tirage de 1ᵐ,50, y compris les rallonges qui se mettent en avant en *mn*.

Les dimensions peuvent varier en plus ou en moins, suivant les épreuves que l'on veut obtenir.

EFGH', chariot supérieur glissant dans deux coulisses creusées dans les grands côtés AC, BD du bâtis. Ce chariot porte en S une queue qui se fixe au moyen d'un boulon à vis et glisse dans la fente de la traverse JJ, placée dans le bâtis ABCD. Le chariot EFGH porte lui-même une traverse semblable K, dans la fente de laquelle glisse et se fixe le boulon à vis de la queue de la chambre noire M.

mn, chambre noire qui est rendue immobile et liée au chariot EFGH par deux vis placées en dessous sur le prolongement de R. Le châssis R glisse de même dans deux rainures creusées sur les côtés EG et FH du chariot.

L, objectif double diaphragmé entre les verres, ou mieux objectif orthoscopique de Voigtlander.

N, planche solide et épaisse garnie d'une glace en dedans s'il est nécessaire. Cette planche porte-objet est parfaitement perpendiculaire aux plans ABCD et EFGH, et exactement parallèle à la face *mn* de la chambre noire et par conséquent à la glace dépolie. La dimension de cette planche est calculée sur celle des objets à reproduire, et la hauteur du chariot EFGH est telle que le centre de l'objectif L est juste et horizontalement en face du centre de figure de cette planche.

Des lignes de remarque que l'on trace à sa surface servent à placer l'objet à reproduire dans cette même position, quelle que soit sa grandeur.

OP, traverses verticales solidement fixées dans le bâtis CD, et auxquelles la planche est attachée invariablement par les vis de pression O et P.

T, rebord qui, en consolidant l'assiette de la planche N sur le bâtis, sert à soutenir les tableaux et objets fragiles.

Q, pied du bâtis ABCD plus court que les autres et portant une vis en fer qui, par son mouvement, permet de faire porter toujours d'aplomb les quatre pieds du bâtis sur un plancher quelconque.

La planche porte-objets N a les dimensions suivantes, qui répondent à la majeure partie des cas demandés.

Hauteur . . . . 1 mètre.
Largeur. 0,80

§ 7.

Manière de doser l'ioduration du collodion.

Malgré que nous ne nous servions que des sels de cadmium, il peut être intéressant pour un opérateur de faire des essais comparatifs sur les résultats produits par l'introduction de bases diverses dans un collodion semblablement composé d'ailleurs.

Or, pour employer les différents iodures solubles dans l'alcool et l'éther, de façon que la couche sensible contienne la même quantité d'iodure d'argent, il faut savoir introduire la même quantité d'iode dans la même quantité de collodion. Mais cette quantité varie pour un même poids d'iodure avec la base qui lui est combinée; il faut donc faire un calcul assez court puisque c'est une simple proportion.

Nous empruntons ce travail tout fait à M. l'abbé Laborde, qui a pris pour unité à laquelle il rapporte les autres, la quantité d'iode contenue dans un gramme d'iodure de potassium.

La proportion de 1 pour 100, étant une ioduration moyenne, nous aurons le tableau suivant :

Iodure de potassium.	100,0 centigrammes.
— de baryum.	117,7 —
— de cadmium.	110,0 —
— de strontium.	102,7 —
— de zinc.	95,8 —
— de nickel.	94,2 —
— de fer.	92,7 —
— de sodium.	90,3 —
— de calcium	88,7 —
— d'ammonium.	86,7 —
— de magnésium.	84,0 —
— d'aluminium.	81,8 —
— de lithium.	80,2 —

Nous avons vu § 7, troisième partie, combien le rôle de l'azotate combiné au bain d'argent est important. Quand on introduit des bases puissantes comme la potasse et la soude, on doit craindre qu'elles ne produisent l'acidification de l'éther, qui réagit lui-même en cet état sur le coton-poudre et les iodures.

§ 8.

Tableau de solubilité des principales substances photographiques.

Nous empruntons à M. Aimé Girard le résultat de ses expériences sur le point de saturation dans l'eau et dans l'alcool des principales substances employées dans les manipulations photographiques. Ce tableau est très-utile aux personnes qui veulent essayer différentes formules dans lesquelles les auteurs omettent de donner les quantités exactes en employant le mot à *saturation*.

DÉSIGNATION DES CORPS.	100 parties d'eau.		100 parties d'alcool à 36°.	
	à 15°	à 100°	à 12°	Ébullition.
Acétate de chaux.	33 3	toutes prop.	»	»
Acétate neutre de plomb .	59 »	id.	»	»
Acide citrique.	133 »	200 »	»	»
Acide gallique.	1 »	33 3	25 2	37 6
Acide pyrogallique	44 4	»	40 »	»
Azotate d'argent.	100 »	toutes prop.	10 »	25 »
Azotate de zinc.	toutes prop.	id.	»	»
Bromure potassium	63 4	120 3	»	»
Chlorhydrate d'ammoniaque	37 2	80 27	2 1	4 5
Chlorure de barium. . . .	43 5	70 36	»	»
Bichlorure de mercure . .	7 39	53 96	33 3	» »
Chlorure de sodium. . . .	35 84	40 38	1 50	» »
Chlorure d'or.	toutes prop.	toutes prop.	»	»
Bichromate de potasse . .	10 »	»	insoluble.	»
Cyanoferrure potassium . .	37 17	104 79	»	»
Cyanure potassium	toutes prop.	toutes prop.	1 »	»
Hyposulfite de soude . . .	81 4	id.	»	»
Iode	0 7	»	7 20	»
Iodure d'ammonium. . . .	toutes prop.	toutes prop.	»	»
Iodure de cadmium. . . .	54 9	»	»	»
Iodure potassium	143 62	223 50	19 »	»
Protosulfate defer.	76 9	333 »	»	»
Sucre de lait.	20 »	40 »	nulle.	nulle.

REMARQUES.

I. Une solution aqueuse ou alcoolique d'iodure de potassium, peut dissoudre le double d'iodure d'argent de la quantité d'iodure de potassium qu'elle contient.

II. Lorsqu'on emploie l'alcool comme dissolvant de la cire, on doit faire l'opération à chaud, on obtient trois corps différents :

Le premier reste en dissolution et constitue 4 à 5 pour 100 de la quantité de cire employée, c'est la céroléine.

Le deuxième, un peu moins soluble, est la cérine qui se dépose en partie en flocons blancs par un refroidissement à 0°, elle est fusible à 78°.

Le troisième est la myriricine, insoluble à peu près, fusible à 72° ; demande 200 parties d'alcool pour dissoudre une seule partie ; elle se dépose.

§ 9.

Poids et mesures anglais.

Grain. — Ce poids est la 5,600° partie de la livre anglaise désignée par le nom de *standard pound*. Comparé au gramme, il vaut 0 gr. 06477 ou encore 1 gramme = 15 grains 434.

Minim. — Cette mesure se représente le plus généralement par une goutte, mais suivant le liquide et suivant le vase qui la verse, cette quantité peut varier dans des limites très-larges. Le volume du *minim* est celui de 1 grain d'eau distillée, à 15° centigrades (0 gr. 064).

Scrupule. — Ce nom représente : 1° un poids, celui de 20 grains ; — 2° un volume, celui de 20 grains d'eau distillée, à 15° centigrades.

Drachm. — Équivaut à 60 grains : et de même le *drachm* ou *fluid dram* est le volume de 60 grains d'eau distillée, à 15° centigrades.

Once. — Celle qui sert dans les formules et aussi dans les marchés s'appelle *once troy* ou *grande once*, elle vaut 480 grains. C'est l'once avec laquelle le photographe pèse ses mélanges; mais les substances lui sont vendues à la *petite once* des marchands qui n'a que 437. 5 grains.

Quant à l'*once fluid*, c'est le volume occupé par 480 grains d'eau distillée à 15° centigrades. Suivant le liquide que l'on mesure et suivant sa densité, ce volume peut peser plus ou moins que l'once d'eau ou 480 grains.

Livre. — Il y en a trois : 1° Livre troy qui pèse 5,600 grains, c'est le *standard pound* du commencement de cet article; 2° la livre *avoir du poids* pèse 7,000 grains, elle est composée de 16 onces, avoir du poids de 437. 5 grains chacune, c'est la livre du commerce. 3° La *livre fluid* est égale à 16 onces fluides, elle pèse donc plus que les livres troy et avoir du poids d'eau distillée, elle équivaut à 7,640 grains d'eau distillée à 15° centigrades.

La *pinte*, mesure de capacité, est le 8e du gallon, elle pèse à peu près une livre avoir du poids.

RÉSUMÉ.

Poids photographiques.

Pound ou livre avoir du poids = 7000 grains = 453 grammes.
Once troy . . . . = 480 id. = 31,09
Dram . . . . = 60 id. = 3,882
Scrupule. . . . . = 20 id. = 1,292
Grain . . . . = ... = 0,0647
Minim . . . . = ... = 1 goutte.

Poids pour achat.

Pound ou livre avoir du poids. . . . .  453 grammes.
Once. . . . . = 28,33

FIN.

TABLE ANALYTIQUE DES MATIÈRES.

PREMIÈRE PARTIE.

DE L'ACTION PHOTOGRAPHIQUE EN GÉNÉRAL.

DEUXIÈME PARTIE.

DU PAPIER CIRÉ RAPIDE.

TROISIÈME PARTIE.

DU COLLODION HUMIDE.

QUATRIÈME PARTIE.

DU COLLODION SEC.

APPENDICE.

CINQUIÈME PARTIE.

DES ÉPREUVES POSITIVES SUR PAPIER PAR LES SELS D'ARGENT.

SEPTIÈME PARTIE.

MÉLANGES.

FIN DE LA TABLE.

Coulommiers. — Imprimerie de A. MOUSSN.